福本清三 無心

——ある斬られ役の生涯

著者◉福本清三
編著◉大野裕之

とっても便利出版部

福本清三

1943（昭和18）年2月3日兵庫県出身。1958年15歳で東映京都撮影所に専属演技者として入所。以来62年にわたり、映画・テレビ時代劇（TBS『水戸黄門』、ANB『暴れん坊将軍』）を中心に活動を続けた「斬られ役」俳優。殺陣技術集団「東映剣会」所属。卓越した殺陣の技術で次第に注目を集め、「探偵！ナイトスクープ」（朝日放送）で取り上げられたのを皮切りに、「徹子の部屋」（テレビ朝日）出演、「朝日新聞」「天声人語」での紹介、さらにはNHKの『にんげんドキュメント』で特集され、広く知られる存在となる。2003年に公開されたトム・クルーズ主演のアメリカ映画『ラスト サムライ』（監督 エドワード・ズウィック）に日本人キャストの1人として抜擢され、「5万回斬られた男」の異名を世界に轟かせる。2014年には、『太秦ライムライト』（監督 落合賢）で初主演。カナダのファンタジア国際映画祭で日本人初の主演男優賞を受賞するなど多くの賞を授かった。自らの半生を語った『どこかで誰かが見ていてくれる 日本一の斬られ役・福本清三』『おちおち死んでられまへん 斬られ役ハリウッドへ行く』（ともに聞き書き：小田豊二著、集英社文庫）を出版。2012年以降は、小学校・中学校の道徳の教科書等に自身の生き方を綴ったエッセイが掲載される。「どこかで誰かが見ていてくれる」と縁の下の力持ちに徹するその生き方は、今も多くの人々を勇気づける。

主な受賞歴

◉第27回日本アカデミー賞協会特別賞
◉第6回 おおさかシネマフェスティバル日本映画部門特別賞
◉第21回 東京スポーツ映画大賞特別賞
◉第68回 毎日映画コンクール特別賞
◉第18回 ファンタジア国際映画祭主演男優賞
◉第27回 日刊スポーツ映画大賞・石原裕次郎特別功労賞
◉2014年 京都文化芸術表彰「きらめき賞」
◉第33回京都府文化賞・功労賞

目次

２０２１年1月1日に、福本清三先生はこの世を去りました。

でも、「日本一の斬られ役」の豪快な斬られっぷりは、いまだ私たちの心に焼きついたまま消えることはありません。

福本先生の姿を後世に伝えたいという、多くの人の気持ちが集まって、このささやかな一冊がうまれました。

タイトルにある「無心」とは、生前に揮毫を求められた際に、先生が一度だけその言葉を書いたのだそうです。

無心で、一生懸命にやる――先生の思いがこもった二文字を書名にしました。

本書が、太秦に生きた一人の俳優の来し方を振り返り、時代劇の未来を想うきっかけになればと願っています。

Prologue
ふるさと香住

山陰本線の車窓から、ふるさと香住の海を眺める福本清三（2014年11月3日）

2014年5月30日。初の主演作『太秦ライムライト』公開を目前に控えた福本清三は、東映京都撮影所の俳優会館のロビーで、劇場用パンフレットのためのインタビューに応じた。聞き手はプロデューサー・脚本の大野裕之。おそらく福本が生涯でもっとも長い時間を過ごしたその場所で、気心知れた大野を相手に、彼はリラックスした雰囲気でそれまでの人生と映画への思いを語った。

そのとき収録された音源が、最近になって見つかった。今回、初めて完全収録するにあたり、内容をまとめるのではなく、相手との軽妙なやりとりも生かしながらそのまま採録することにした。その方が、福本の息遣いが感じられると思ったからだ。

ここからは、福本清三本人の言葉で、彼の人生を振り返ることにしよう。

収録の冒頭は、いつもの「福本先生」の謙遜した、しかし、弾むような明るい早口のお喋りから始まっている。

――あらためまして、どうぞよろしくお願いします。

福本　いえいえこちらこそ。

――何度もお話しなさったことかと思いますが、福本先生の人生について。

福本　誰が先生や、ハハ。人生って。

幼少期の福本清三と姉

大乗寺は円山応挙の襖絵（重要文化財）を所蔵する名刹

大乗寺の大きなクスノキは、幼少の頃の遊び場だった

兵庫県香美町は、日本海に面する人口2万人ほどの町だ。城崎温泉にもほど近い町は、山陰海岸国立公園にも指定されている切り立った崖や松原そして砂浜など豊かな自然に彩られ、夏には美しい海での海水浴客で、冬になれば特産のカニを求める多くの人で賑わう。福本清三は合併して香美町になる前の香住町で生まれた。

――今の香美町の香住のお生まれですね。

福本　はいはい。

――「清三」ということは三男ですか？

福本　そうや、三男なんです。そのままですわ。六人きょうだいで、姉二人、あとは男と女二人ですね。親父は左官でした。壁塗りをやる職人です。半農で、田んぼもちょっとはやってたかな。食べるぐらいですけど。

――小さい頃は何になろうと思っていましたか？

福本　いや全く。田舎にいた頃は何になろうとかはなかったです。僕らはずっと先輩がしたことを、受け継いでやっていました。新聞配達も先輩の跡を継いでやりましたし、遊びなんかも、先輩に教えてもらって冬は竹スキーを作ったり弓を作ったり、魚とりに行ったり潜って貝とったりとかね。勉強もせんと。

　２０２４年２月。筆者が香住を訪れると、福本清三と中学３年生の時に同級生だった磯田彰さんが出迎えてくれた。「すばしっこい人やったという印象があります。普通に歩いていても機敏な感じで。大人になって同窓会に来られない時でも連絡をくれたり、マメな人でした。同窓会旅行で伊勢に行った帰りに何人かが京都の撮影所に寄って清三さんと会ったと言うてました」。

　香住の海岸から20分ほど内陸に歩いたところに、高野山真言宗の寺院、大乗寺がある。７４５年に行基によって開かれたと伝わるその寺は、近世日本画の大家・円山応挙が弟子１２人とともにそこに襖絵を残したことで知られ、１６５点もの重要文化財を誇る名刹だ。福本が生まれ育ったのは、その門前町である森地区。かつて40軒ものさまざまな商店が軒を連ねていた旧街道から少し入ったところに今も生家が残る。

　森地区で畳屋を営む宮下武男さんは、1歳年上の福本と小学校高学年から中学生の間、よく一緒に遊んだ。「春夏秋冬、毎日と言っていいほど遊びました。冬は山から竹を切ってきてスキー板を作って滑ったり、山に罠を仕掛けて野ウサギを

香住の海と矢田川。少年福本が遊んだ風景

小学校高学年の時の福本清三（右）。左は宮下武男さん

とって、清ちゃんの家の庭ですき焼きをしたり。清ちゃんは手先が器用でね、春ははえ縄を作るんです。ドジョウを餌にして夕方に矢田川に仕掛けると、翌朝学校に行く時にはウグイやうなぎがたくさんかかっていました。夏は海や川に潜って魚をとって河原で焼いて食べてね。白い高下駄を履いて、ガラガラ音を鳴らして歩いてました」。

福本　村で秋になると収穫祭があって、小学校六年生になったら先輩を継いで三番叟をやらないかんのですよ。人前で何かしたのはその時が初めてでした。初舞台になりますね。ハハハハ。学年でやらんといかんのですが、ちょうど僕らの学年は人がいなかったんですよ。一回やったことある人がぶっ倒れてね。人が一人足らんので、二年続けてやらされました。小さな舞台ですよ。

——人前で何かするのはお好き？

福本　いや全然。それはもう恥ずかしくて恥ずかしくて。人がおらんちゅうことでね。昔からの決まりで、どうしても僕らの学年がせないかんということでね。何をやったか今はよう覚えてない。

　福本は、「小さな舞台」と謙遜するが、三番叟は町の指定無形民俗文化財にも

家の裏の山道でスキーをした

小学校高学年の時の福本清三（２列目真ん中）

生家。中央の玄関のある部分は後から増築した

なっている伝統行事。毎年10月5日に行われる、地元の吉野神社の神事だ。「当時、三番叟を踏むのは名誉なことでした。清ちゃんは、最初の年は千歳の役。次の年、演じる予定やった人が病気になってしまい、急遽代役で、翁の役で踏みました」と宮下さんは回想する。福本が言うように「人が足りないからやった」のではなく、大勢の中から選ばれてやるものだった。２回連続で三番叟を踏んだ人は他にはいなかったということなので、少年期から「スター俳優」の片鱗を見せていたというわけだ。

福本と宮下さんは、大乗寺でも遊んだ。今は厳重に展示室に収蔵されている円山応挙の襖絵も、当時はお堂の中にあった。

「お堂の中で飛んだり跳ねたり遊んでいたので、襖絵をよう破らんかったもんや」と宮下さんは笑う。

宮下さんの6歳下の従兄弟の岡哲雄さんは福本の実家の隣に今も住む。「清三さんのお母さんは大乗寺のお手伝いを熱心にされてました。赤ずいきの漬物をつけるのが得意で大乗寺によく持っていってたりね」。

――子供の頃チャンバラごっこなどはされたんですか?

福本　チャンバラごっこより缶蹴りとかやね。見つからんように、夜遅くまで隠れてたことがあるんですよ。村の中でね。よう考えたらもう晩ご飯も終わってる時間に、「まだ、今、出たら見つかるな」と思って夜遅くまで隠れていた覚えがありますね。ほんと子供ってね。今考えたらなんちゅうアホなことを。

――運動神経は抜群やったんですね。

福本　抜群だったんかどうかは知らんのですけど、今考えたら、六年間ずっとやっていた新聞配達で足腰が鍛えられたのかもしれませんね。普段は家の前まで新聞屋さんが単車で運んできてくれるんですけど、十二月になって雪が降ったらもう車が通れないわけですよ。そしたら僕が歩いて取りにいかなあかん。歩いて30分くらいかけて。雪が腰くらいまである時でも。これがやっぱり苦痛でね。寒くて。よう僕も続いたなと思うんですけどね。早朝は真っ白でわからんので街灯を頼りに歩くんですけど、うろうろ歩いてる自分の足跡だけ残ってる。それで足腰が鍛えられたんかなぁ。小学校からずっと中学三年まで100メートル競争は、負けたことがなかったですね。

福本の親戚。実家の前で

福本の幼馴染だった宮下武男さん（左）と岡哲雄さんが案内してくれた

中学生の時の福本清三（右）。左は宮下武男さん

宮下さんも、「よく野山を走っていました。徒競走はいつも1位ですよ。足が早かったのはよう覚えています」と彼の抜群の運動能力を覚えている。ただ、福本の回想とは違って、「清ちゃんはチャンバラが好きやった」と証言する。「真っ直ぐの木を選んで皮を剥いで、木刀を作ってようやりました。構えがかっこよかったですよ。口数が少ないことと手先が器用なのは、お父さん譲り。顔はお母さん似。清ちゃんから習うたことが、今畳を作るのに役立ってます。」

自然の中を走り回って四季折々に遊び、それだけでなく、長い歴史を誇る香住の豊かな文化の営みの中で、福本清三の俳優身体と感性は育まれた。

山陰本線の車窓から、ふるさとの近くの風景を眺める福本
(2014年11月3日)

Scene 1

東映京都撮影所へ

東映京都撮影所に入った頃の福本清三

1958年、全国の映画館の観客動員数は史上最高の11億3000万人を記録した。日本映画がピークを迎えたこの年、福本は東映京都撮影所に入所する。

中学卒業とともに上洛

福本　僕らの田舎っちゅうのは産業がないんでね、長男は家を継ぐのですが、二男・三男ゆうのは自活せないかんので。みんな京阪神まで出て、住み込みで働いて技術覚えてというのが定番でした。先輩もみんな京都の西陣の染屋さんとか町工場とかに行って。僕らもその流れで京都に来て、たまたま京都の親戚が米屋をやってたんで、ほんならまあ親にとっても「親戚やったら安心やから行け」っちゅうことで。

大した仕事やなかったんですけどね、配達の時に、「毎度おおきに!」って大きな声で言って、お米を届けないかんのですよ。その「毎度おおきに!」っていうのが恥ずかしゅうて照れ臭うてできなくてね。来たばっかりの時は銭湯に入るのも恥ずかしくて。家では一人で入ってたのに、みんな裸になって風呂に入るっていう経験もしたことなかったから。そういう街の生活に全く馴染めなくてね。なんか無いかなと思ってた時に、東映に出入りしてる不動産屋の親戚がいましたんで、「お前東映行くか?」ちゅうて声かけてくれて、「東映ってなんや」いうたら、「映画会社や」いうて。映画会社って何か分からんかったけど、「なんでもええからつれてって」いうて来たんです。

福本　それまで映画を観たことなんてほとんどなかったです。テレビも電気屋さんにしかないような時代でしたからね。夜になれば親父がよく浪花節聞いていたことを、今思い出しましたけど、そんな感じでしたから、映像なんてとんでもない。

――もともと照れ屋やのに、役者にならはった？

福本　照れ屋というか、人前では全然あきまへんのです。恥ずかしいっていうよりね。何もできまへんからね。

――役者さんになって、最初は通行人とかの役ですか？

福本　そうです、エキストラと同じです。何十人も演技者がいる大部屋でした。そこの役者は、衣装着たり帯結んだりメイキャップしたりを、全部自分でやらないかん。そうして現場に行くわけです。毎日行ってる人はもう段取りわかってるけど、初めて来た時はね「メイキャップ、ええ⁉」って。ドーランなんか塗ったことないのにドーラン塗って眉毛書いて目張りいれて、衣装着込んでちゃんと帯してでしょ。最初は先輩に手伝ってもらいましたけど、しっちゃかめっちゃかで。まあ色々三日間くらい練習したんですけど、そんなの三日間でできるわけないです。まず現場に出るのが大変でした。

――最初の役は覚えていらっしゃいますか？

福本　あれは12月の暮れやったかな。寒い寒い時でね。寒かったから今もよう覚えてるんですけど。東映のオープンセットで鞍馬の火祭を再現してるシーンで。僕らは松明持たされて行列になってね。それで、「サイレイヤ、サイリョウ、サイレイヤ、サイリョウ」言えって。本番になったら松明に火をつけてくれるんですよ。その火で手を炙って温めてたら、本番終わったら「はい消せ！」とか言われるわけですよ。「いや、もうちょっとこれ火をつけさせてください」ってね。そんな寒い中で夜中2時くらいまでやってたね。帰りに東映城の堀に氷が張ってましたわ。それをよう覚えてるんですよ。美空ひばりさんと東千代之介さんの『鞍馬天狗』（1959年）じゃなかったかな。それが僕がやった最初の仕事のはずです。

　初めは何も仕事できないですし、扮装もちゃんと出来ひんのやから、なかなか映るところでは使ってもらえんわけですよ。キャメラ前やなくて、ロングばっかりです。戦場で合戦とか、大名行列のずうっと一番後ろの方で「両掛挟箱持って歩け！」とか、キャメラから見えんとこの仕事ばっかり。そりゃそうですよね。あたりまえなんです。そういうところからだんだんみんなやってきた。祭りのシーンとかでも、通行人で「お前あっち走っとけ！」「後ろで歩いとけ！」とかそんなんばっかりですからね。キャメラの方に向かせてくれないですから。ほんでしんどい神輿のシーンなら、僕らは若いから「お前神輿担げ」って言われて、そういうことはやらしてもらったりしました。若いからしんどいことをね。戦場で「旗持って走れ」「のぼり持って走れ」とかね。「馬に負けるな！」ってね。「馬に負けるな！」って言われてもね（笑）。「何してんねん！」って怒られて。それを一日中やらされるんですよ。大半がそういう仕事ばっかりでしたね。

斬られ役を目指して

――その中で斬られ役を目指したのは、斬られ役やったらちょっと目立つからですかね？

福本　そうそうそう。だからやってくうちに、やっぱり立ち回りできる人がキャメラ前に行ってやってるのがわかってきて。「ああ、そういうことか」と。やっぱり立ち回り上手い人がスターさんの近くにいけるので、やっぱり男は立ち回りできなあかんと思ってね。

　当時の東映剣会ちゅうのは凄かったですからね。そういう中に入らんといかんなちゅうのが実感で分かってきて。でも、さあどうしようかちゅうことですよね。その頃は映画の全盛期でしたから、剣会も100人近くいましたからね。そんなかに入ろうっちゅうことはとてもじゃないけど難しいわけです。だから常日頃自分なりに稽古をやっていかんと、誰かが教えてくれるわけでもない。たまに剣会で「来い！」って、一回声かけてもうて行ったことあるんですけど。ほんだら怖くて怖くて（笑）。ぶっ叩かれて「コラァ！　なんじゃそれは！」。なんじゃそれはって言われたって、出来へんもんは出来へん（笑）。今考えたら僕らが後輩に言うてるのとおんなじなんやけど、初めて行ってそういうこと言われたら、「うわあ怖いとこやな」と思って、そっからもう、よう行かんでね。

　でも、まあ現場で侍の時が一番嬉しい。一日中刀の小道具を持たしてくれるわけですよ。出来へん者同士で休み時間とか稽古もできるんで、そういうことが一番楽しかってね。そんな時も先輩が「なんじゃそれは！　それはこうや！」とかいうて教えてくれたり。そういう中でだんだんわかって来て、自分なりにあれこれやってね。

　僕らも立ち回りの時に、予定では「侍

役」で出してもらうんやけど、立ち回りがやれることなんかないわけです。要するに先輩のやられた後の死骸役や。先輩が斬られてダアって死んだら、キャメラが次はドンって引くから「お前その先輩が斬られた場所で寝とけ！」ってそんな感じでね。寝てばっかり（笑）。

その中で、目の前で主役と斬られ役、先輩たちが立ち回りをやってるわけですよ。息を止めて薄目で見てね、「わあ、凄いな」と。そういうのを見て覚えて、主役の格好よさとか剣会の先輩の死に方とか。「ああ、こんなんもあんのか」と考えたりして。近づかないかんな思ってたんですけど、そこまで行くには何十年もかかりましたね。

チャップリンから学んだこと

——実は先生が一番尊敬する俳優はチャップリンなんですよね。

福本　立ち回りを研究している中で、それまで映画なんかあんまり見たことなかったけど、東映に来てから見るようになったんですよ。映画を見ても、内容より映画の中での死に方のアクションを見てました。機関銃で撃たれた時の死に方はこうか。じゃあ、俺ら斬られ役もこういうのもいいなとか考えたり。

そんな中、チャップリンさんの映画を観た時に、アクション映画じゃないんだけど、ボーンと倒れるシーンを見たんです。ぼくらは喜劇だと思って見てるから、倒れ方がどうこうと思いながら見ているわけじゃなかった。でも、倒れるところで、見てて思わずワハハって笑ってたんですよね。お客もドッと湧いてたんです。で、後から「なんで俺は笑ってたんかな?」思ったんです。よく考えたら凄い倒れ方やったと気づいて。倒れ方だけで、ブワッと笑いが来てるわけですよね。「ああ、そうか」って思いました。チャップリンさんが「喜劇で、あんなに倒れないかんのかいな」って思うほどのすごい倒れ方をした。そんなけ倒れんといかんのや、見てる僕らがドッと笑いが来たのはそこなんや、というのに気が付いたんですよ。

僕らもチャンバラやってて、倒れる時に痛くなく倒れようと思ったらなんぼでもできる。でも、チャップリンさんみたいな大スターさんがあれだけのすごい倒れ方をしてて、僕らが痛くないように倒れようとしてたんではあかんな、と。そのことに初めて自分で気が付いて。だから僕なりに痛みを感じるぐらいに倒れなあかんという意識を持ちはじめました。そのことをチャップリンさんから習うたっちゅうことなんですよ。怪我したらあかんのですけども、手え抜いたらいかん。まあ紙一重ですね。

だから、僕は若い人にどうこう言ったことないですけども、やっぱり自分なりに痛みを感じるくらいの倒れ方せんと。そやないと、お客さんが見て「あいつは頑張ってんな」とは思ってくれへん。そういうことを念頭に置いてます。

——斬られ役の原点はチャップリンなんですね

福本　あの倒れ方ね。喜劇と思って見て、あれをやられたからドオっと来たんでしょうね。あれがアクションやったら「当たり前や」と思ったんやろうけど、喜劇として見とる中でそういうことをパっとやられたんで、アアっと気が付いたんですよ。

萬屋錦之介の言葉

——当時、絡みをやってる中で印象に残ったスターさんはどなたですか。

福本　その頃、昭和三十年代いうたらもう大スターさんばっかりで、みんな立ち回り出来る人ばっかりでね。今みたいじゃなくて、トップスターは何でもできるし、斬る方も斬られる方も凄い。その中でどの人がこうやとかではなかったんですけど。好き嫌いで言えば（僕の好き嫌いでこんなこと言ったら怒られますけど）、萬屋錦之介さんが僕は一番好きでした。というのは、萬屋さんは作品によって立ち回りの型を、パアンと変えてこられるんです。ヤクザの立ち回り、殿さんの立ち回り、宮本武蔵の立ち回り、あとは殺陣田村みたいな様式美も取り入れたりね。いろんなことをやって、「エエっ！」って驚かされるくらい僕らは感じさせていただきました。

当時のスターさんたちみんなに特色がありました。やっぱり癖があるんですよ。今思えばスターさんの癖が魅力みたいになってる感じ。大川橋蔵さんと錦之助さんと全く違うけど、だから両方受けたんですよ。橋蔵さんは『新吾十番勝負』（1959〜60年）でビャーッと斬っても流し目でね。萬屋さんは武蔵をするときなんかは、ドワーって走ってね。だから静と動というか。両御大（片岡千恵蔵・市川右太衛門）も静と動という感じで対照的でした。やっぱりみんな自分の立ち回りを心得てはりますわ。その中で、僕の好きだったのは萬屋さんです。好きでした。尊敬してましたね。

——その尊敬する萬屋錦之助さんから凄いお言葉を頂きましたね。

福本　いや、もうね、これはえらいこっちゃ（笑）。もうずっと後になってからですけどね。萬屋さんと、恐れ多くも立ち回りをさしてもらうようになってからです。テストでバーンって斬られてこてんと倒れたら、「おお！　お前倒れんのが上手いな」って言われて、「えええ、そうですか?」と言ったら、「斬られ方が上手いっちゅうのはな、芝居が出来るっちゅうこっちゃ」て言われて「ええ、僕は芝居できまへんで。そんなアホなこと言わんといてください」って言ったら「いやいや」って。そう言ってまあ冗談みたいに言ってくださったことがありましてね。

で、後から考えたら、立ち回りも芝居やということなんですね。これは僕の解釈やけどね。斬られるのも芝居や。倒れるのも芝居や。だから、斬られるだけのアクションだけじゃなしに、そこに芝居が入っていったらそれが活きるんやということ。そこに感情も入る。斬られるというのは芝居なんや。だから「お前は芝居ができる」と言うてもらえたんかなあと。いやいや、自分の解釈やけどね、変な解釈、ええ風に解釈してるだけで。まあそれは嬉しかったですよね。「ああ、俺がやってきたことはやっぱり間違いじゃなかったな」と。

殺陣はドラマ

――殺陣師の先生がお付けになる殺陣にはドラマがありますね。

福本　そうです。殺陣師さんが手をつけはるんで、殺陣師さんに信頼を置かれなあかんのです。「ああ、こいつはこういう立ち回りできて、だからそういう手でもこいつは耐えられるな。御大とパッッと刀合わせて睨みあっても耐えられるな」と思ったら、そういう人に手をつけるわけですよ。「ああこれではお前初めから負けるわ」て思われたら、その手はつけてくれないんです。だから、殺陣師さんが信頼して「ああ、こいつはこういう倒れ方をするから、ここでこう使おう」と思ってくれるように、常日頃からインパクトを与えておかんとあかんのです。とにかく色んなことアピールして。一番良い所つけてくれるか、全然目立たんところで付けられるか。「あいつはああいうことやりよんな」というのは、見せとかんと。

――それを、家の布団の上で研究してたわけですよね？

福本　何も分からん時にね、倒れ方どうしたらええのかと考えて。先輩とおんなじことをやってたらいかんな、だから逆さに倒れてみようかなとかね。若い頃はそういうことを若いもん同士でやったりね。

――そうして、先生お得意の「海老反り」を編み出したわけですね？

福本　ハハハ。いやあ、別にそんな編み出すいう程やないですよ（笑）。

――でも、あんな風に斬られる人って歴史上初めてですよ。

福本　芝居を長年やってきて、やっぱり同じ斬られ方が多いんですよね。どうしたって立ち回りはそこからはみ出すことはできないんですよ。だから、これも有り、あれも有りとか言うような形で考えて、じゃあこういうやり方もあってええのかなって。嘘っぱちなんですけどね。主役と斬られるもんの顔が同時にダアっと画面に映ればという狙いでやってみたんです。それを監督さんがOK出してくれてたんでね、こういうのも有りかなと思ったけで、そんな大層なもんじゃない。

――いろんな斬られ方を研究する中であれも出てきたということですね？

福本　そうそうそう。でもね、斬られ方いうのも、あんまり考えすぎると、どうしたらええか分からんようになってきます。一番自然なのは主役との息があってバアっと行ったときですね。そんな時は、何も考えず上手いことスパッと死んで「あれ、いまどないして倒れたかな？」と思うくらいスパッと行くもんなんでね。「こう死のう、ああ死のう」って思ってやると、「今ちょっと合わんかったな」って迷いが出る。何も考えずに気持ちでワアっと行くと、結構上手いこといくもんで。やっぱり、気持ちですよね。主役と斬られ役がお互いに気持ちが入って。よーいスタート、カチン！って言ったら、みんなバっと張り詰めて主役にギュッと集中しますからね。今でも、そんなに上手いこといきまへんけどね。

東映剣会の西山清孝は、年齢的には福本の2歳年上だが、高校を出てから東映に来たので俳優としては3年後輩になる。1961年、20歳の時に、俳優募集の広告（当時は「登録演技者」と言った）を見て、東映京都にやってきた。メイク室や衣裳部屋などざっと所内を案内してもらって、二日間ほど稽古をして現場に送り出された。その頃すでに福本は3年目の俳優だったのだが、「東映に入ったばかりの時は、（福本）先生のことは記憶にないです。大部屋俳優は大勢いたし自分のことに必死で他の人がどうとか意識してへんかった。僕らはカツラもパチンコ（頭に乗せるだけの簡易的なもの）。キャメラから遠く離れたところを歩いているだけやし、誰が誰かわからへん」。

西山は殺陣の技術がかわれて、1964年に東映剣会への入会を認められた。若手で構成していたアクション・チームである宍戸大全主催の「体操クラブ」(福本も在籍していた)にも所属して、立ち回りの研究に勤しんだ。

しかし、時代劇映画を取り巻く状況は大きく変わりつつあった。福本が入所した1958年をピークに映画の動員数は下降し始めていたことに加えて、東映は時代劇から現代劇中心の制作体制へと転換を図っていた。西山も、「気がつけば、あれ最近暇やなあ、という感じで、時代劇映画は減っていった」と回想する。代わりにヤクザ映画が増えていくわけだが、「先生は当時長髪で角刈りにするのが嫌で、現代劇には出なかった」ので活動の場は減っていった（ちなみに、長髪のため風貌がロカビリー歌手の山下敬二郎に似ていたことから、福本の当時のあだ名は「ケイボウ」だった。「あの長髪は、先生はビートルズに憧れたんとちゃうか」と西山は笑う）。

そんな時、西山のような若手の時代劇俳優の活躍の場となったのは舞台だった。1967年、美空ひばりの新宿コマ劇場公演の出演者として、殺陣師の谷明憲は福本や西山ら若手を抜擢する。

「先生のことを初めて意識したのはひばりさんの舞台の時やね」と西山は言う。撮影と違って、舞台の長期公演では稽古や本番はもちろん、泊まりも10人ぐらいが雑魚寝で、まさに四六時中一緒にいた。西山にとって福本は頼れる先輩だった。「先生は芝居をよく工夫してた。もっとこう動いた方がええぞ、と案を出してくれて、あんなんはあかんぞとかアドバイスをくれてね。いろいろ教えてくれた」。

二人は美空ひばりのアメリカ公演にも一緒に行った。「ロス、サンフランシスコ、シアトルで公演して、休みの日にはひばりさんにディズニーランドに連れて行ってもらい、ラスヴェガスではエルヴィス・プレスリーのショーも見ました。先生とはずっと一緒の部屋でね。その後、先生は八代亜紀さんや、五社英雄さんに気に入られて舞台に引っ張りだこやったね。コロッケさんの舞台にもよく出てた。先生は、新しいものが好きなんやね、やる気を起こさせてくれる何かを感じたんやろね」。

芝居がはねると、若手はわいわい騒いで飲みに繰り出したが、下戸の福本はたまに付き合うことはあっても、基本的には「寡黙で、コーヒー1杯で一日持つような人」だった。「奥さんとの出会いも、コーヒーが取り持つ縁やもんね」。

家庭での福本清三

西山の言う通り、福本と妻の雅子さんは、撮影所前の喫茶店で客とアルバイターとして出会った。雅子さんは、「私が彼を捕まえたんです」と言うが、また別の時には、コーヒーを飲みにきた福本が伝票に「映画を見にいきませんか」と書いて、一緒に『ナバロンの要塞』（1961年）に行ったのが馴れ初めだと言ったこともある。いずれにせよ、出会いからして相思相愛だったのだろう。

出会った翌1969年、長男雅和さんが生まれ入籍。福本が25歳、雅子さんが19歳の時のことだ。3年後には長女清美さんも誕生した。「忙しい中でも、子供の面倒をよく見てくれてました。おしめ洗ったり、ご飯食べさしたり、お風呂入れたり、そういうのはマメでした」と雅子さんは言う。役者は9時から5時の仕事ではないので、帰ってくる時間も不規則だ。「それでも、子供らは待ってましたよ。寝かしつけても、パパが帰ってきたら走って行きましたから。夕方になったら、翌日の予定を見るために撮影所に行くんですが、網持って子供らを自転車に乗せて行ってました。予定見終わった後は、嵐山に魚釣りにいくんです」。

「夜釣りに行ったり、夜店に連れて行ってもろたり。それから、映画にもよく行きました」と長女の清美さんも懐かしむ。撮影で激しい立ち回りをした後に、子供たちと遊び、翌朝子供たちが起きたらパパはもう撮影に出ていない、という毎日だった。雅子さんが台所に立つと、「うめえかや？」と言いながら横に来て、甘党である自分好みに味付けを変えることもあった。生傷の絶えないパパの背中に軟膏を塗るのは清美さんの役割だった。

ある日、「今日はパパが大きな役で出る」と聞いて、テレビをつけると、福本が首を切り落とされる役だった。小さかった清美さんは、「パパが死んだ」と号泣した。そんなこともあり、家族で福本が出るテレビ時代劇を見ることはほとんどなかった。家族は、時代劇の悪役の時のような福本の怖い顔は見たことがなかった。一度だけ、清美さんが学校の先生に理不尽な進路指導をされた時に、福本は学校に抗議に行った。温厚なパパの、普段は見たことがないような怒りの表情に清美さんはびっくりしたけど、子供のためにここまで怒ってくれるんだと嬉しく思った。

1960～62年ごろ。
現存する福本の扮装
写真で最も古いもの

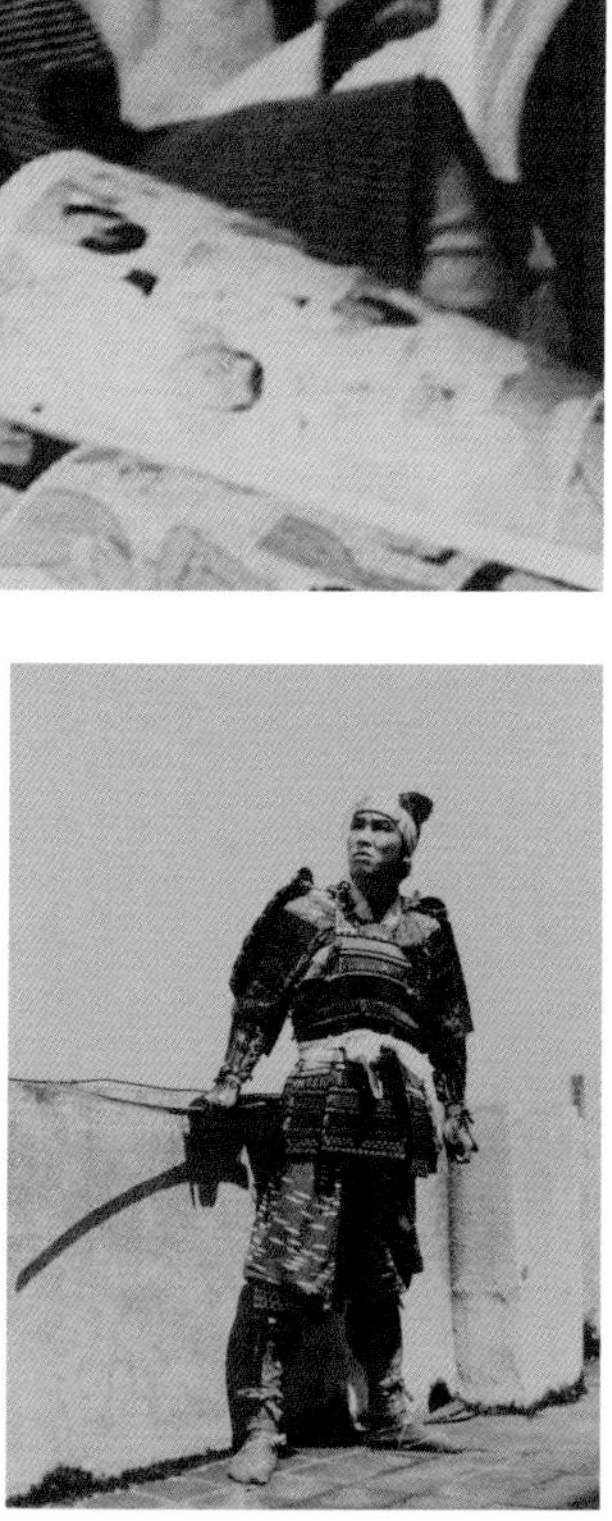

美空ひばりの舞台の北海道巡業のオフの日に、苫小牧のアイヌ村にて（1966 年）

美空ひばり（中央）と福本
清三（前列右から２人目）

美空ひばりのアメリカ公演のオフの日に、ラスヴェガスのエルヴィス・プレスリーのショーにて。中央奥は美空ひばり。福本清三（右端）の左が西山清孝（1973 年）

『幽霊島の掟』クリームのターバンを巻いて立ち回り（1961年）

新宿コマ劇場の屋上で。
1964年から参加した、美
空ひばりの舞台の合間に

新

宿

渡部旅館

1973 年 8～9月の美空ひばりのロス・アンジェルス公演の出発前に羽田空港にて

美空ひばり邸でのパーティーにて。
(カラー写真3枚)

1970年代の空手映画にもよく出演した

1978年の東映剣会の会員たち。後列左から三好郁夫、福本清三、司裕介、藤沢徹夫、笹木俊志、友金敏雄、白井滋郎、峰蘭太郎、木谷邦臣、土井淳之祐、前列左から矢部義章、菅原俊夫、西山清孝、上野隆三、壬生新太郎、細川純一、小峰隆司、小坂和之

東映の野球チーム

読売新聞の取材の時の一枚（1979年10月30日掲載）

家族のスナップショット（全点）

テレビ朝日「藤田まことの丹下左膳　其4　彷徨う丑三つの花嫁　江戸城に渦巻く大陰謀!」で、藤田まことのスタンドインをする（1994 年）

1990年ごろ（全点）

1994年10月16日

1996年

1992年

1979年にテレビ番組の企画で、何かを受賞したときのもの。五十嵐マヤさんによると、「よく斬られて大変だったで賞」のようなものだったという

Scene 2

斬られ役を極めた「ラスト サムライ」

東映太秦映画村の「福本清三ショー」で「海老反り」を披露（2004年ごろ）

1960年代半ばを過ぎると時代劇映画からしだいに客足が遠のき、任侠映画の全盛時代となる。1970年代には、『仁義なき戦い』（1973年）に代表される「実録もの」のヤクザ映画が人気を博し、福本も個性的な演技で大きなインパクトを与えた。だが、それも飽きられると、撮影所はテレビ時代劇を量産し、生き残りをかける。

そんなテレビ時代劇が隆盛を極めた1980年代になって、「毎日テレビのチャンバラで派手に斬られるコワモテの悪役は誰？」と視聴者たちは気にし始めた。やがて、マスコミで取り上げられるようになり、「斬られ役・福本清三」の名前が知られるようになっていく。

福本　えらいことになってしもて（笑）。視聴者の方で、斬られ役を見てくれる人も出てきたんですね。それは映画からテレビの時代になったからですね。テレビでは、同じ作品の中で、日によって立ち回りだけじゃなくて通行人など色々な役をやります。だから、視聴者は「あ、今日は斬られた」「今度は歩いてるわ」とか見つけてくれたみたいですね。新聞に書いてくれたのですが、ある家庭で、お父さんが時代劇が好きなので毎日時代劇のテレビを見ていて、「このおっちゃんまた出てるぞ、今日は二回斬られた」と食卓で話題にのぼったらしいんです。スターさんやなくて斬られ役のおっちゃんで盛り上がってるという。そんな記事がまずあって、それからいろんなことにつながっていきましたね。

「どこかで誰かが見ていてくれる」

「時代劇映画がダメになって、テレビ時代劇になってから先生の活躍が目立つようになったね」と西山清孝は言う。「先生が考えた〝海老反り〟など、いろんな死に方が目を引いて、テレビ番組で引っ張りだこになった。『吼えろ鉄拳』（1981年）での真田広之さんとの一騎討ちも、こないだ見直したけどすごいね。『ザ・カラテ』（1974〜5年）シリーズとか、ああいうのが先生にあってた。身も軽いしアクションが早い。脂が乗ってる時期やったね」。

　東映京都俳優部で今は俳優のマネージメントを担当する西嶋勇倫は、1991年に東映京都で働き始めた当初は、仕出し（主に大部屋俳優が担当する役）の配役をする演技事務を担当していた。邦楽の囃子方の家に育ち、映画ファンだった西嶋は、撮影所で剣会の面々に会った時、「『仁義なき戦い』の出演者がたくさんいる！」と胸を躍らせた。

　ある日、福本は新人の西嶋に「なんで東映で働き始めたんや」と問いかける。母の知り合いの紹介だと答えると、「お前も縁故関係か」と福本は言った。「なんちゅうことを言うんや、えらいはっきりモノを言う人やなあ」と西嶋は思ったが、今思うと、同じく「親戚の縁故関係」で入所した福本ゆえ、親近感を持ってくれたのだろう。

　ほどなくして、西嶋は、撮影所の誰もが福本に一目置いていることに気づく。スタッフたちは、「福ちゃんを怒らせたら、それは怒らせた奴が悪い」と口を揃えて言っていた。真摯に演技に取り組む彼は、名だたる監督たちにかわいがられた。前章で西山は、福本は美空ひばりをはじめスターに気に入られて舞台で引っ張りだこだったと証言しているが（別の仕事が入り舞台を断った時、ひばりの母から「お嬢の仕事を断ったのはあんたが初めて」と言われたと福本はよく筆者に語ってくれた）、映像でも福本は早い段階から監督やスターに請われて他社作品にも呼ばれた。（たとえば、1978年の『新・座頭市　第2シリーズ』（フジテレビ）では勝新太郎がたびたび福本を招き、1982年の『同心暁蘭之介』（フジテレビ）#25「ひと質」では杉良太郎が福本をゲスト主役として迎えた）。

　卓越した技術を持つ福本は、自分の現場で彼を使いたい殺陣師たちによって取り合いになった。主演俳優たちは「明日、福ちゃんは俺の撮影に来てくれるの？」と西嶋に聞いて、「別の撮影に行って無理です」と言われた時には、あからさまにがっかりした。むろん女優陣にも人気があった。福本はずっと前から業界内では注目されていた。世間が、時代が、彼に追いついたのだ。

――注目され始めた時は、どんな心境でしたか？

福本　僕らも「ええ、そんなことがあんのん？」ってびっくりしたんですよね。それまで「天声人語」ちゅうのが、大変な欄だと知らなかったんですよ。ある時、東京のプロデューサーの方が「えらいこっちゃぞ」と現場でロケのときに持ってきてくれたんですよ。「天声人語に載ってんで、あんた」っちゅうて。そんなん、文字が一列ずうっと並んでるだけやのに（笑）、それの何がすごいんやって。

――いやいや、すごい欄なんですよ。

福本　だからそれがわからなかったんですよ（笑）。だからプロデューサーはその価値を知ってるから。「いや、これ大変やでこんなん」ちゅうて、「なんでですか」っていうたら、「こんなん大学の試験で出るようなとこやで」「そうでっかいな、ええ!?」ってびっくりして（笑）。その新聞が出た後、いろんなとこから、「うちの家庭でもテレビで斬られ役を探しています」「私の家でもそうです」とかバンバン投書が来たんですよ。ほんで、ＮＨＫの（福本清三に密着取材した）『にんげんドキュメント』に繋がった感じですね。だからテレビ時代になったおかげで、「あの悪役は、今日は二回斬られた」とか話題にしてくれて、斬られ役が注目されるようになったんだと思います。その前に、『蒲田行進曲』（1982年）で存在が知られるようになったのもあるかもしれません。

　福本清三のモットーは、「どこかで誰かが見ていてくれる」。その言葉の通り、コツコツと自分の仕事に向き合って数十年。その評判はじわじわと広まっていった。たくさんの人が福本を「見ていてくれ」ていたのだ。

　五十嵐マヤさんは5歳の頃からテレビ時代劇に登場する福本清三に夢中になっていた。まだ名前もわからず、「悪役1号」と勝手に名付けて、彼の登場を楽しみにテレビに向かった。番組を見るたびに感想文を書いても、名前がわからない。そこで、封書のオモテに似顔絵を描いて、「こんな顔の悪役に渡してください」と東映京都にファンレターを出した。

　やがて彼の名前が福本清三であることがわかり、1988年に東映京都を訪ねて念願の面会を果たす。その時の福本は、真っ黒の上下ジャージ姿で顔は悪役メイク。いつものテレビと同じ怖い顔だったが、いい人であることはすぐにわかった。「あんなすごい俳優なのに、大部屋俳優だからプロフィールもないんです。私は彼のすごいところを記録として残したいと思いました。それで、本人に『福本清三ファンクラブを作りたいんです』とお願いに行ったんです」。それを聞いた福本は、撮影所の食堂で椅子からずり落ちた。ドーランを塗っていてもわかるほどに顔を真っ赤にして照れた。周囲にいた俳優たちはみんな笑っていたが、すぐに五十嵐さんの本気が伝わって静かになった。

　その数年後、1992年6月5日放送の「探偵ナイトスクープ」で「あの斬られ役は誰?」との依頼で取り上げられ、同年9月24日放送の「徹子の部屋」出演へと繋がっていく。斬られ役への異例とも言える注目も、五十嵐さんは、「昔からすごい人だから。当然だと思いました」。「徹子の部屋」出演の時は、慣れないトークに「2度としたくない」とげっそりしていたとのこと。ともあれ、そこから「朝日新聞」の「天声人語」、さらにはNHKの『にんげんドキュメント』での密着取材、そして聞き書きの自叙伝『どこかで誰かが見ていてくれる　日本一の斬られ役・福本清三』（小田豊二著、集英社文庫）の出版へと続いていった。

　この大活躍に同僚は喜び、地元は沸き立ち、ファンは狂喜した。

　西山は、「今みたいに広報からのお知らせもないので、NHKの番組も気にしていなかった。本が出たと聞いて、すごいなあと思って、買って読んだ」。福本だけ注目を浴びることに他の人からの嫉妬はなかったかと心配になったが、西山は「それは絶対にない」と言い切る。「先生の取り組みが評価されたわけやからね。よかったな、と思ったわ。先生は、立ち回りの間合いがすごいし、腰の入れ方が違う。何より素早い。主役もついて行くのが大変なぐらい。それが迫力ある殺陣になる。スピード感が出るんやね」。

　この頃、ふるさと香住は、福本清三の「凱旋撮影」に沸いた。高橋英樹主演の『遠山の金さん』（1982〜6年）のロケが香住で行われることになり、福本も出演者の一人として同行したのだ。大乗寺副住職の山岨眞應さんは、今もそのことをよく覚えている。「地元の人間もたくさんエキストラで出していただきました。境内でもロケをして、出演者が楠の周りで飛んで跳ねて逃げていく演技が印象に残っています。とても盛り上がりましたね。福本さん本人は照れ臭くて何も言わないけど、超一流の人なんやとわかりました」。

　いまだに地区の語りぐさになっているのは、福本の父が亡くなった時のことだ。「葬式の時に、大きな花輪がたくさん届いたんですよ。松方弘樹さん、杉良太郎さん、渡哲也さん、渡瀬恒彦さん、北大路欣也さん、里見浩太朗さん、高橋英樹さん、八代亜紀さん・・・名だたるスターさんからの花輪が、清ちゃんの家から街道までの細道にずらっと並んだ風景が忘れられません。うわあって、町のみんなが思いましたね。偉い人になったんやって」と宮下さんは語る。

　ただし、「福本ブーム」に対しては、撮影所は意外と冷静だった。それまでも、端役の俳優にスポットライトがあたった前例がないわけではなかったからだ。会社は「あくまで一過性のもの」と考え、福本に限らず誰であろうと専属演技者を特別扱いすることはなかった。実際、しばらくして「ブーム」は落ち着いたように思われた。むろん、福本は浮かれることなく、冷静だった。

　妻の雅子さんは、注目を浴び始めても福本は何も変わらず、「相変わらずパパでした」と笑う。雅子さん自身も、「天声人語」の取材で「朝日新聞」から電話が来た時に、新聞購読の勧誘と勘違いして電話を切ろうとしたほどだった。それでも、近くのお弁当屋さんで松竹の俳優が福本の話題をしていて、「立派やな、あの人はすごいな」と言っているのを聞いた時には素直に嬉しく思った。

『ラスト サムライ』

　その後、定年を前にした福本はハリウッド映画『ラスト サムライ』（2003年）に抜擢され、トム・クルーズと常に行動を共にする「サイレント・サムライ」として出演。世界に「斬られ役・福本清三」の名を轟かせた。

――その後『ラスト サムライ』にもお出になって。

福本　そんなに出てまへん。

――ずっと出てますやん（笑）。ちょろちょろじゃなくてずっと出てます。

福本　いやもうホンマにね。これも考えたらえらいことですよね。

――えらいことですよ。あれは。

福本　当時、新聞でトム・クルーズさん主演で『ラスト・サムライ』という時代劇を日本で撮影するという記事を読んで、「ああ、凄いな」と思って、「斬られ役で出たいな」と思ってたんですけど、そんときはもう六十でしたからね。聞いたらオーディションで決めるとのこと。そんなんどこで受けんねや、僕ら知らんわっちゅう話ですよね。うちの若い衆なんかは動画でオーディション受けたみたいで、「へえ、どうやんの?」って。僕は六十やからそんな出来ひんし。立ち回りのシーンがあったら出たいなとは思ったけど、それっきりだったんです。

　すると、キャスティングの奈良橋陽子さんから「『ラスト サムライ』に出てもらえますか」って連絡が来たんです。あとで考えてみたら僕をずっと応援してくれた人がね、応募してくれたみたいなんですよ。その人は、「私はそんなこと知りません」とか言うてましたけど、それしか考えられないんです。僕はびっくりして、「出てもらえますかってとんでもない! 出してもらえますのかいな?」って言ったら、「今推薦してるんで、一回ちょっと東京に来て会ってください。もう出演は決まってるんですけど、一応動画で演技を見たいと監督が言うてて、送らないかんから」って。ほんでキャスティングの人と会い、その場で立ち回りとかの動画を撮られて。一週間したら「決まりました」って。「決まりましたって、わしでええんですかいな?」それからですよ。訳も分からずにね。大ごとでね。こんなん大変やでということでね。杉良太郎さんの親族がアメリカに留学してはって、ハリウッドの事情を知ってて、「福ちゃん、ハリウッドでキャスティングされるなんてすごいで。あんたこんなん入れてもらえるのえらいこっちゃで」と言うんやけど、僕はそう言う感覚無いから。台詞ない役やからボーッとしてるだけやないかいって、僕はそない思ってたんやけど、「何を言うてんねんあんた、こんなもんえらいことやで」って。

　2002年3月26日、五十嵐さんは地方紙に載った小さな記事を目にする。トム・クルーズ主演で日本を舞台にした時代劇『ラスト サムライ』が撮影予定であるという第一報だった。

　ハリウッドが時代劇を撮る——この、またとない機会に、「その辺のタレントとかが出演するのでは困る。福本さんがいないと時代劇じゃない」と強く思い、福本清三の資料(詳細な出演作品リストや年表)を作り、出演作でいかに凄い演技をしてきたのかを事細かにまとめていた「ファンクラブ会報」のすべて(当時49号まで出ていた)に『どこかで誰かが見ていてくれる』の単行本、加えてさまざまな時代劇で披露してきた斬られ役としての名場面を編集してビデオテープにまとめ、「この人無しにはチャンバラの撮影はできません」と熱烈な手紙を添えて、第一報を見てから3日後にキャスティングの奈良橋陽子に送った。すると、2ヶ月後の5月22日にスタッフから電話があり、「監督も福本さんに興味を持っていて、ほぼ決定しているのですが、最終決定のためには急いで動画を撮って送らないといけない」とのことだった。五十嵐さんは大喜びで東映京都の連絡先を教えた。

　ところが、7月5日に奈良橋から五十嵐さんに、「福本さんに本人に繋がらず困っている。もうキャスティングを決めなくてはいけないのに」と助けを求める電話がかかってきた。おそらく撮影所も判断に時間がかかっていたようだ。会社の中では福本はテレビ時代劇の貴重な戦力で、1年間も外に出してしまうと困る。それに、海外で1年間撮影をするより、同じ期間、京都で時代劇の斬られ役をしている方がギャラもずっと良かった。

　そして、案の定、福本本人も、「わしなんかでええんですかいな。それに、その期間中、お世話になった人から舞台出演のオファーを頂いていて」などと渋っている。「福本さん、そんなこと言ってる場合ですか! ハリウッドからのオファーですよ!」周囲は福本に、晴れ舞台に出て欲しいと必死だった。なんとか奈良橋と福本とが直接喋る手筈が整った。ちょうどその時、福本は故郷の香住で講演をしていたのだが、五十嵐さんが「まずは、奈良橋さんからの電話に出てください」と念を押したこともあり、奈良橋は福本と無事に話ができた。

「それまでの東映だったら、この話は実現していなかったかもしれません」と西嶋は回想する。その頃、演技課長として長岡功が着任していた。それ以前、撮影所で自社作品がたくさんあった時代は、当然ながら東映所属の演技者たちは忙しく、他社に俳優を貸し出すこともなかった。しかし、自社製作の作品が減っていく中、長岡はその考えを改める。そして、東映京都所属の俳優たちを外部作品での出演に積極的に売り込んでいくことにした。

　そんな折、長岡は西嶋に「福ちゃんにこんな話が来てるんやけど」と一枚のFAXを見せる。それを見るなり、西嶋は「エドワード・ズウィック監督はいい監督ですよ! ましてやトム・クルーズじゃないですか!」「そうか。喋らへん役やし、福ちゃんでも大丈夫か」と長岡は即決した。東映の時代劇だけで忙しかったかつての撮影所なら、海外の複雑な案件は断っていたかもしれない。「長岡さんになって、そういった受け入れ体制ができたんです。タイミングが良かったんです」。

長岡は、長年大作映画の進行主任を務め、俳優からの信頼があつかった。福本は信頼する長岡に判断を委ねていた。その長岡がオーケーを出して福本の背中を押してくれた。福本は動画の撮影のために東京に向かい、しばらくして正式に『ラスト サムライ』への出演が決定した。

長岡は、正式な契約からギャラの交渉や条件、海外での保険に至るまで、難しい案件をまとめ上げた。長岡には制作担当として参加した『ザ・ヤクザ』（1974年）や『復活の日』（1980年）など、合作映画での豊富な経験もあった。

こうして、大部屋俳優はハリウッド・デビューを飾ることになった。

福本　あっちに行ってみると、すごい待遇でしたよ。飛行場までリムジンに乗っけてくれたり、そんなこと今まで経験したこと無い。「ええ、そんな嘘や！」みたいな経験ばかり。ほんで、ニュージーランドで四ヶ月間、家一件借りてくれるんですよ。共演者の菅田俊さんと二人で、一軒家を全部使わせてもらって。「無茶苦茶や、どういうこっちゃねん」ちゅうって。やっぱり凄いですよ、ハリウッドは。ええ目をさせてもうて。そんな仕事もしてへんのにええのかいなって。

――ハリウッドスターにならはって

福本　ハリウッドスターじゃないですよ。何が「スター」ですか（笑）。

撮影中ニュージーランドで60歳の誕生日を迎えた福本を、トム・クルーズは100本のバラを贈ってお祝いした。

そんな特別な経験をして帰国した福本は、撮影所に戻ってきて、あいかわらず以前と同じように「仕出し」としてテレビ時代劇の通行人や斬られ役を演じた。

これには、さすがの西山も驚いた。

「世界の福本清三になったんやで。それが、帰国したらオープンセットに出て、テレビ時代劇の撮影で行商人の仕出し（エキストラ）をするんや。何も変わらんかった。ふんぞりかえるわけでもない」。西山が、「人足の役でええんか」と言っても、福本は「わしはこれがええんじゃ」と淡々としていた。「先生は現場が好きなんや。ほんまに映画が好きなんやな。普通なら、ちょっと仕事を選んで他の路線をするとかなるかもしれへん。ああいうのを見て、俺は尊敬するんや。福ちゃんああいう人なんや。あの人はああなんや」。

――日本に帰ってきたら。また一斬られ役に戻るわけですよね

福本　そらそうです。あれに出たからどうとかいうことはないですやん。僕らの原点は立ち回りですからね、使ってもらえてナンボやからね。自分でどうこう言ったって変わらへん。どう使ってくれるかやね。どんな作品に出たからって、人に「それが何や？」って言われたら終わりですから。

――いやいやそんな。

福本　いやいやホンマですよ。

――ずっと変わらはらへん。

福本　変わらんっていうか、それが僕らの原点やからね。ハハハハハ。

東映太秦映画村 福本清三ショー

海外ロケから戻っても何も変わらなかった福本だったが、周囲からの評価は大きく変わった。

『ラスト サムライ』の二条城プレミアではトム・クルーズとともに登壇し、「斬られ役がハリウッドに認められた」と大きな話題になった。彼はもはや押しも押されぬスターとなったのだ。

これに先立ち2002年の春に、東映太秦映画村で「福本清三ショー」が始まっていたのだが、2005年からは毎年春と秋の観光シーズンの土日に恒例企画として開催されるようになった。「福本清三という名前で客が呼べるようになったということです。彼の商品価値を、会社も認識したのです」と西嶋は言う。

この頃、福本は肺気腫と診断されたことで、長年の喫煙をすっぱりとやめた。体調を維持するために、毎夜のウォーキングも始めた。もっとも、元来照れ屋の彼は、「医者が『あんたみたいな人はどうせタバコはやめられへんやろ』と言うから、頭に来てやめてしもたけど、やめんかったら良かったわ」と冗談めかしたり、西嶋が「昨日ウォーキングしていましたね。見かけましたよ」と言っても、「いや、わしはそんなもんしてへん。別人や」としばらく認めようとしなかった。

福本清三ショーは、映画村の名物企画となり、2011年に映画村リニューアルのため終了するまで十年の間、毎回大勢の観客で賑わった。

若い世代につなぐ

次章で詳しく述べることになるが、2007年の7月、福本清三主演映画『太秦ライムライト』の企画が持ち上がる。筆者は斬られ役の世界を内側から知るために、西嶋の斡旋で毎週『水戸黄門』のラス立ち（番組終盤のチャンバラ）の撮影を見学し、剣会のメンバーやスタッフと交流し、福本清三ショーに通い詰め、またその時期に太秦で撮影されたほとんど全ての時代劇に仕出しとして出演した。『太秦ライムライト』は単に福本主演の映画を作るだけではなく、もっと広い視野で、時代劇の精神を次代に伝えていく活動の一環でもあった。太秦で培われてきた伝統を絶やしてはいけないという思いがあった。

そんなわけで、筆者が主宰する劇団とっても便利は、2010年7月から毎月、東映剣会のメンバーを講師に迎えて殺陣教室を開催した。初回の講師は、殺陣師の清家三彦と福本清三。その後5年間、剣会のメンバー全員が講師を順番に務め、若い俳優たちを熱心に指導した。1回1時間半のレッスンを一日3回。今思えば、大変なご負担をかけたと思う。福本は常に若い世代へ時代劇の魅力を伝えることに心をくだいていた

立ち回りとは「相手を倒してやる」「殺してやる」という気持ちで斬りかかり、「命のやりとり」を描く暴力的なアクションだ。しかし、実は、斬る方は相手に当たらないように刀を振り——つまり、相手を傷つけないように心を配り、また斬られる方も「相手は自分を傷つけることはない」と信頼している。すなわち、それは思いやりと信頼の「心のやりとり」でもあるのだ。互いに思いやり、傷つけないように注意し、そして相手を信頼する。その上で、真剣勝負のドラマを繰り広げる。それは、ドラマのエッセンスが詰まった芝居の基本にして、それだけにとどまらず、コミュニケーションにとって最も大切なことを教えてくれる。殺陣教室で稽古をしたことで、萬屋錦之介が福本に授けた言葉、「斬られ方が上手いっちゅうのはな、芝居が出来るっちゅうこっちゃ」が実感された。

福本清三ショーの後の写真撮影会には、毎回長蛇の列ができた

2011年3月には、大阪のHEPHALLで劇団とっても便利が東映剣会の全面協力を得て、時代劇ミュージカル『信長とボク　ボクのママ』（作曲・脚本・演出：大野裕之）を上演した。筆者の目には、稽古場での福本の真摯な態度——ミュージカルという、自分にとって馴染みのないジャンルを尊重し、若手俳優に教えを乞う姿勢と、自分が出ていない場面でも黙々と脚本を読み、劇全体を理解・把握しようとする姿——が今も焼き付いている。元宝塚歌劇団雪組トップスターの高嶺ふぶきとの一騎打ちでは、斬られた後に毎公演得意の海老反りを披露して、客席を大いに沸かせた。

こうして、毎月殺陣のレッスンを続け、一緒に舞台を作り、コツコツと積み上げることで、『太秦ライムライト』へと歩みを進めていった。

1996年9月5日

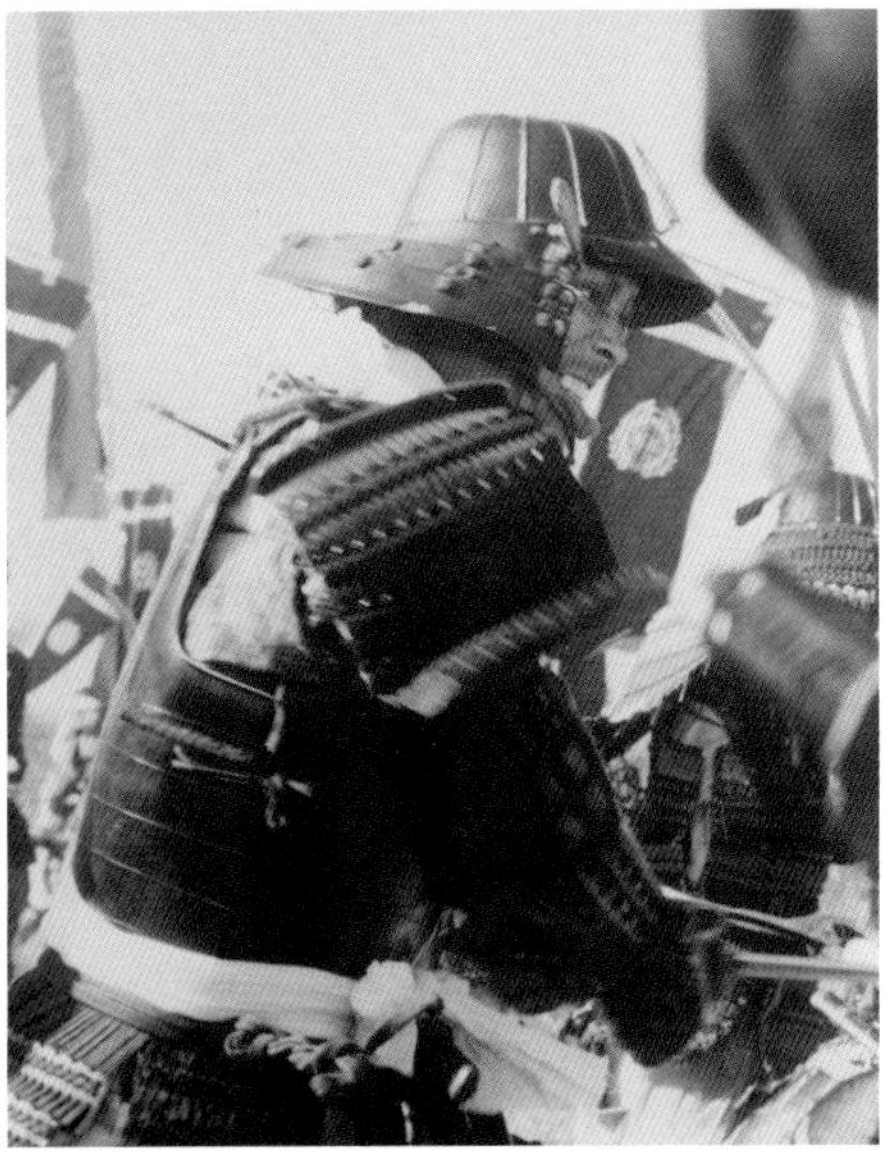

近江屋

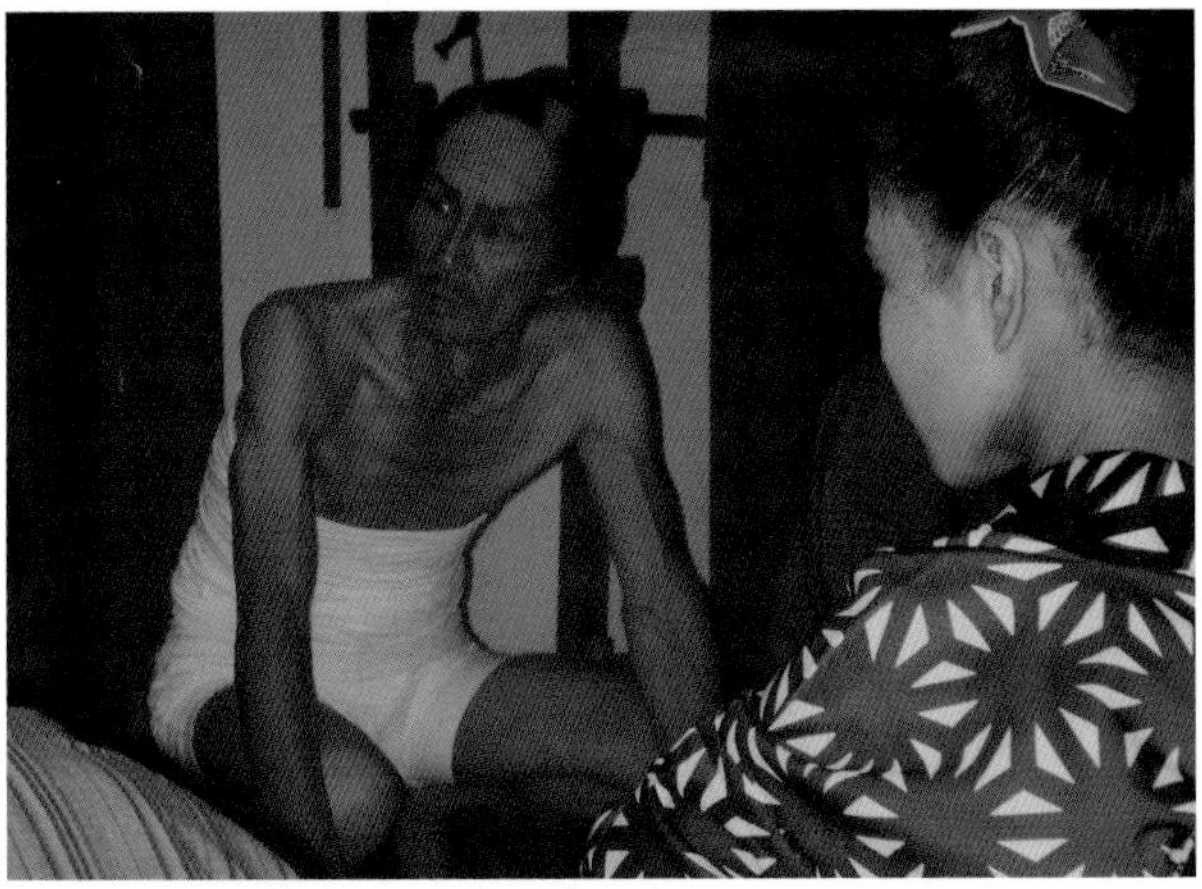

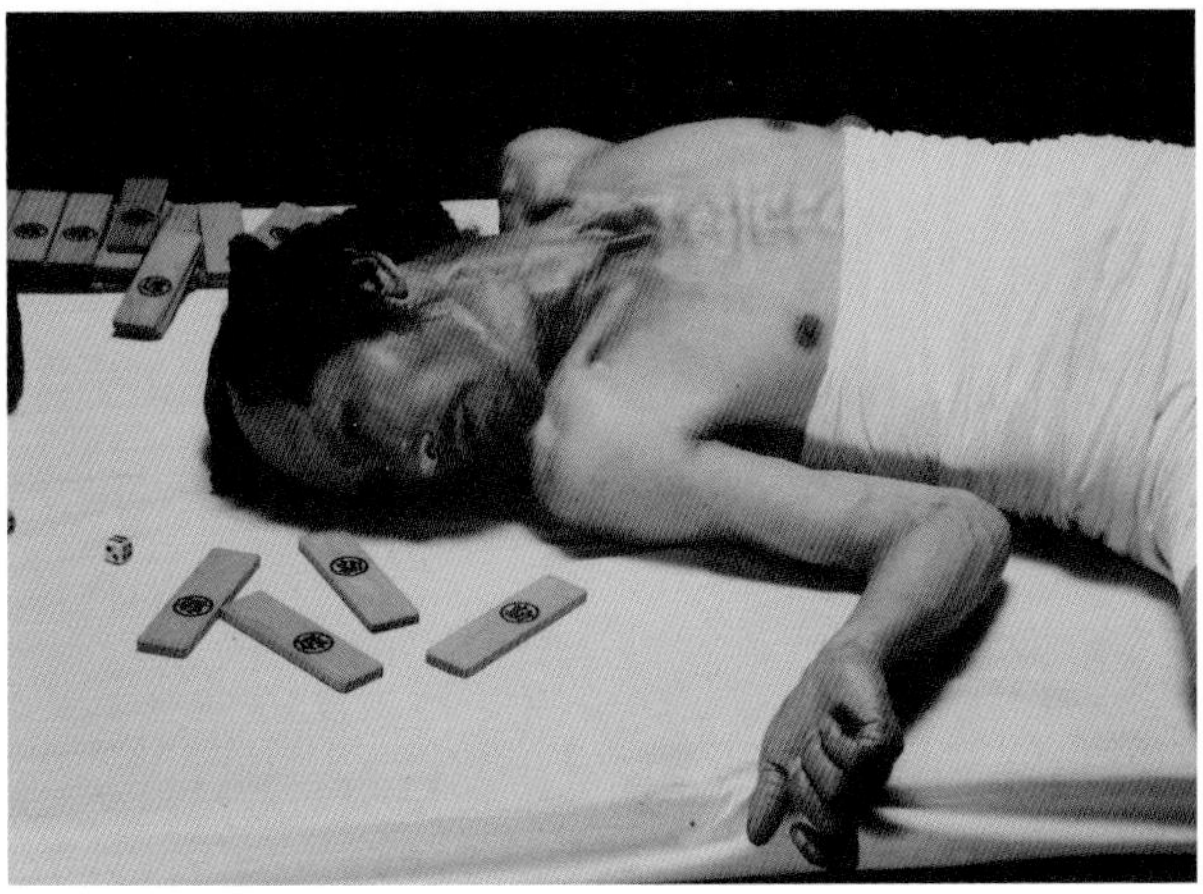

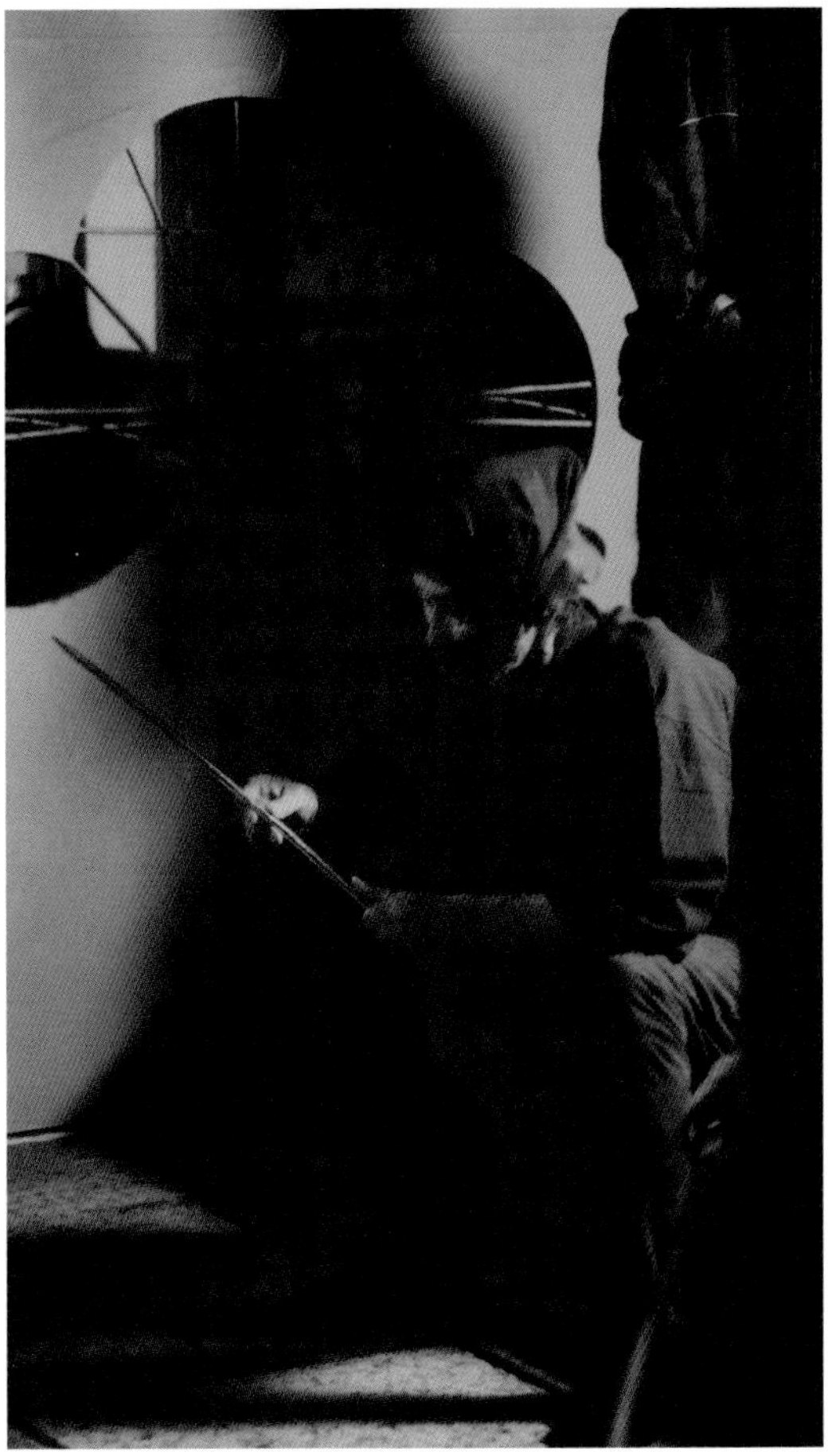

東映京都撮影所の俳優会館にて。奥の後ろ姿は、演技事務（当時）の西嶋勇倫

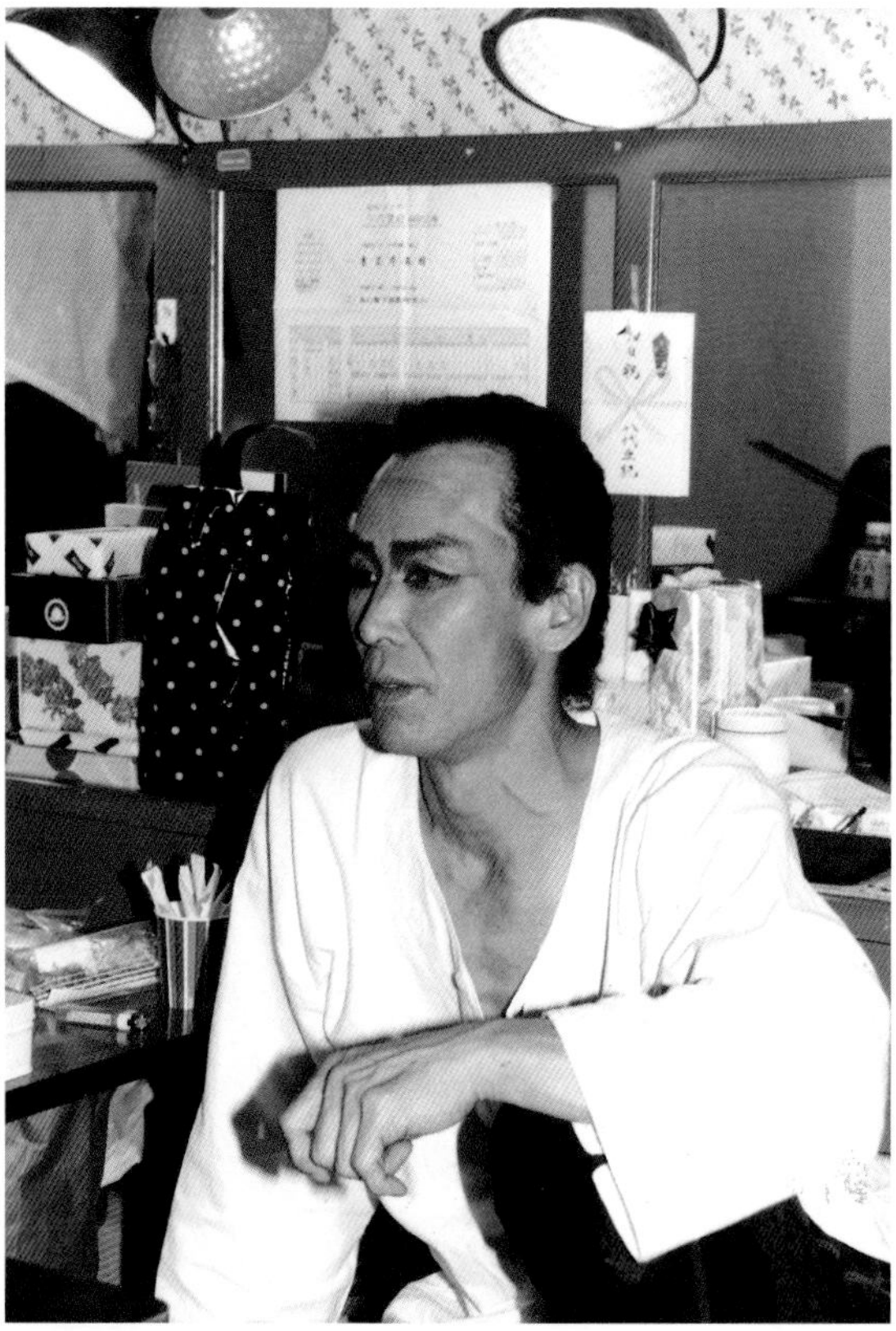

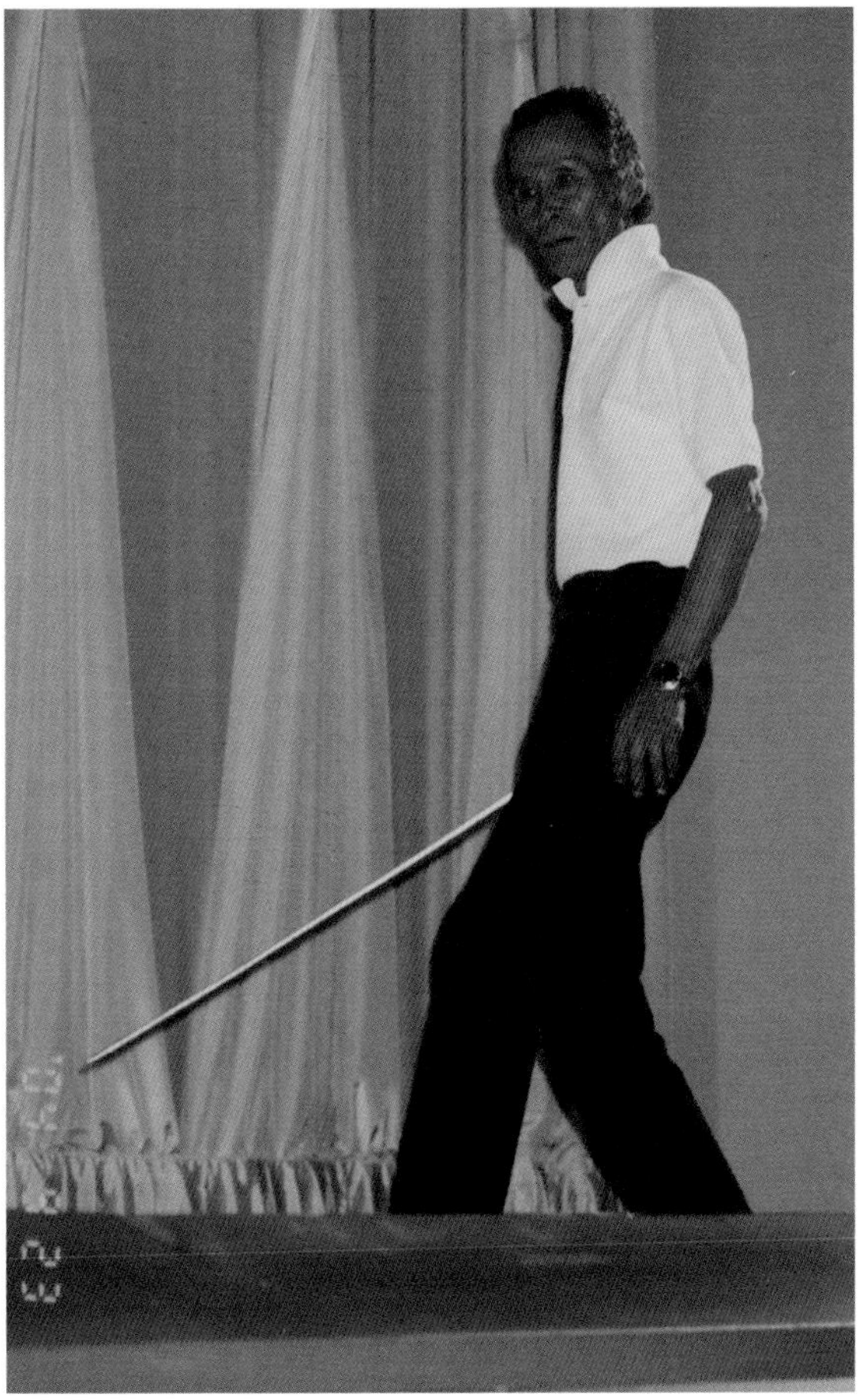

「徹子の部屋」初出演時の記念写真（1992 年）

フリーペーパー「kyo!」表紙

美空ひばり追善公演で訪れたナイアガラの滝

『ラスト サムライ』撮影中のスナップ（2003年）

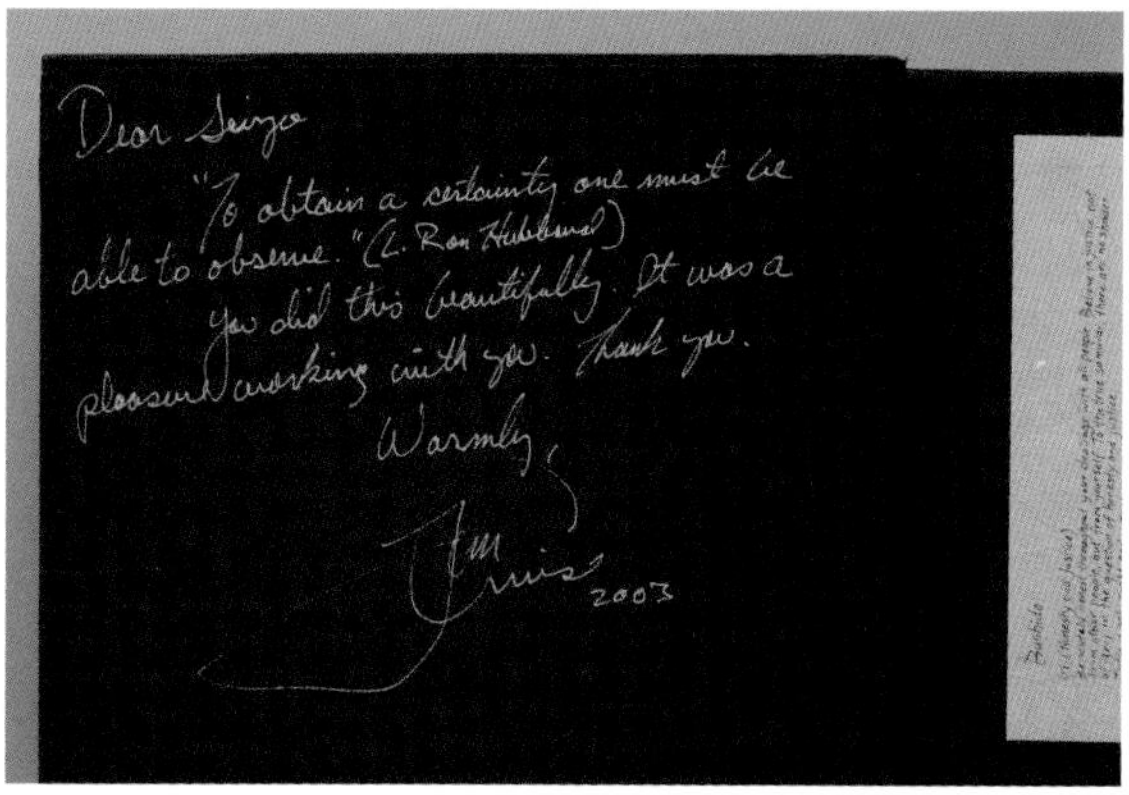

写真集に添えられたトム・クルーズから福本に宛てた直筆メッセージ。「親愛なる清三へ、『揺るぎないものを得るためには、人は注意深く見るということができなくてはならない』（ラファイエット・ロナルド・ハバード）あなたはこのことを素晴らしく成し遂げました。あなたと一緒に仕事をするのは喜びでした。ありがとう。トム・クルーズ」

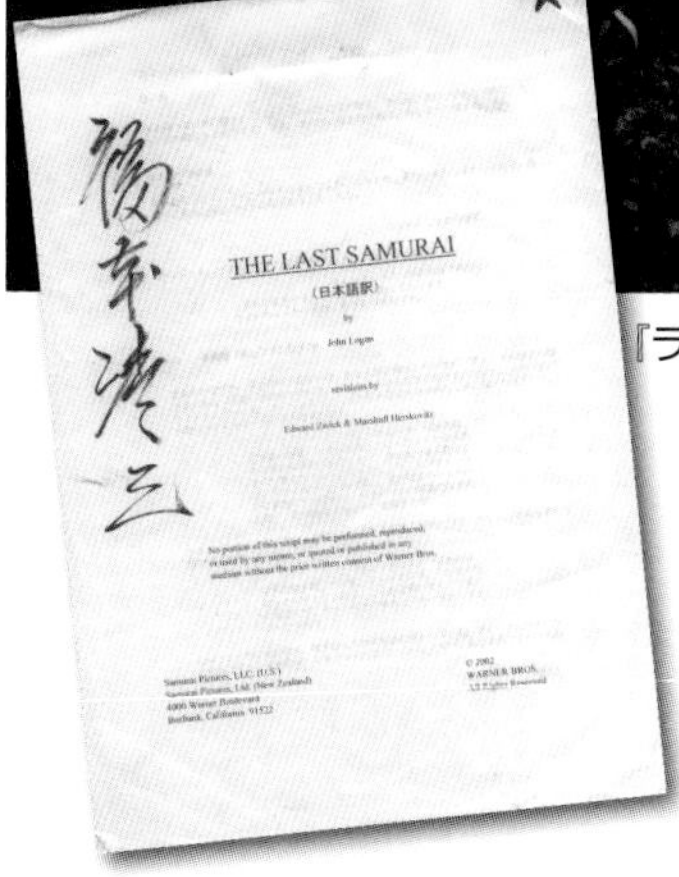

THE LAST SAMURAI
（日本語訳）
by
John Logan
revisions by
Edward Zwick & Marshall Herskovitz
No portion of this script may be performed, reproduced, or used by any means, or quoted or published in any medium without the prior written consent of Warner Bros.
Samurai Pictures, LLC (U.S.)
Samurai Pictures, Ltd. (New Zealand)
4000 Warner Boulevard
Burbank, California 91522
© 2002
WARNER BROS.
All Rights Reserved

『ラスト サムライ』の脚本

『ラスト サムライ』の主な出演者にトム・クルーズが贈った写真集。福本清三に贈られたもの

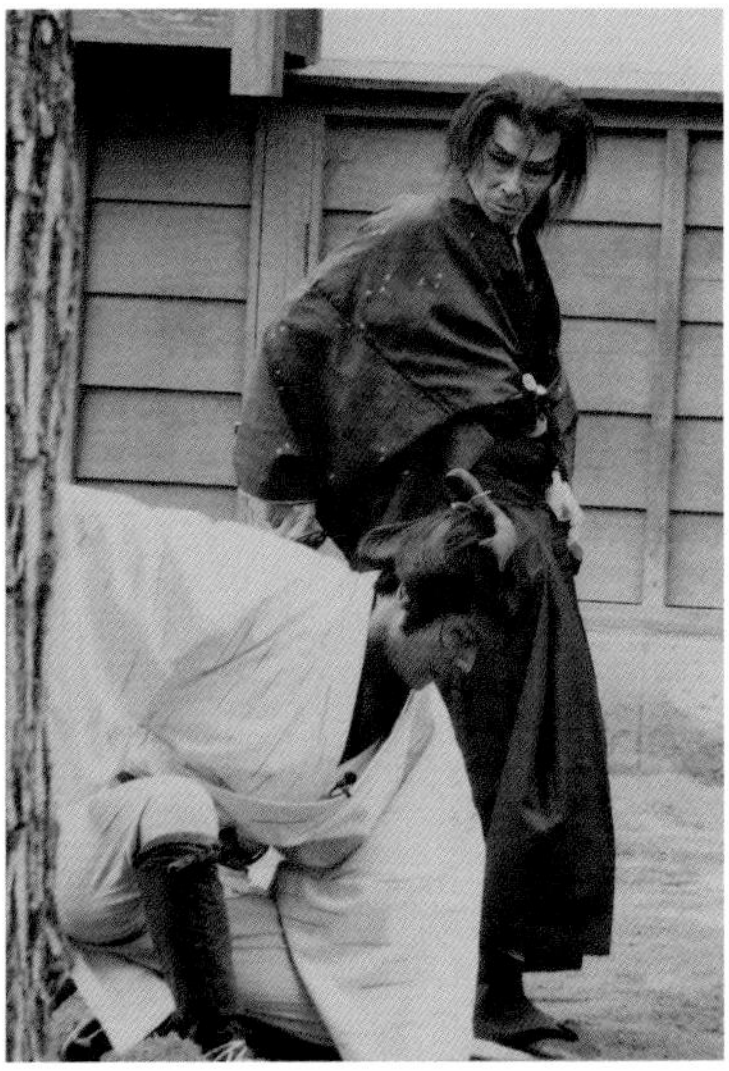

04/10/11

東映太秦映画村　福本清三ショー（2010 年）／（P058 も全点）

東映太秦映画村　福本清三ショー（2010年）／（両ページ全点）

東映剣会「殺陣田村」公演（2010 年）／（P063 も全点）

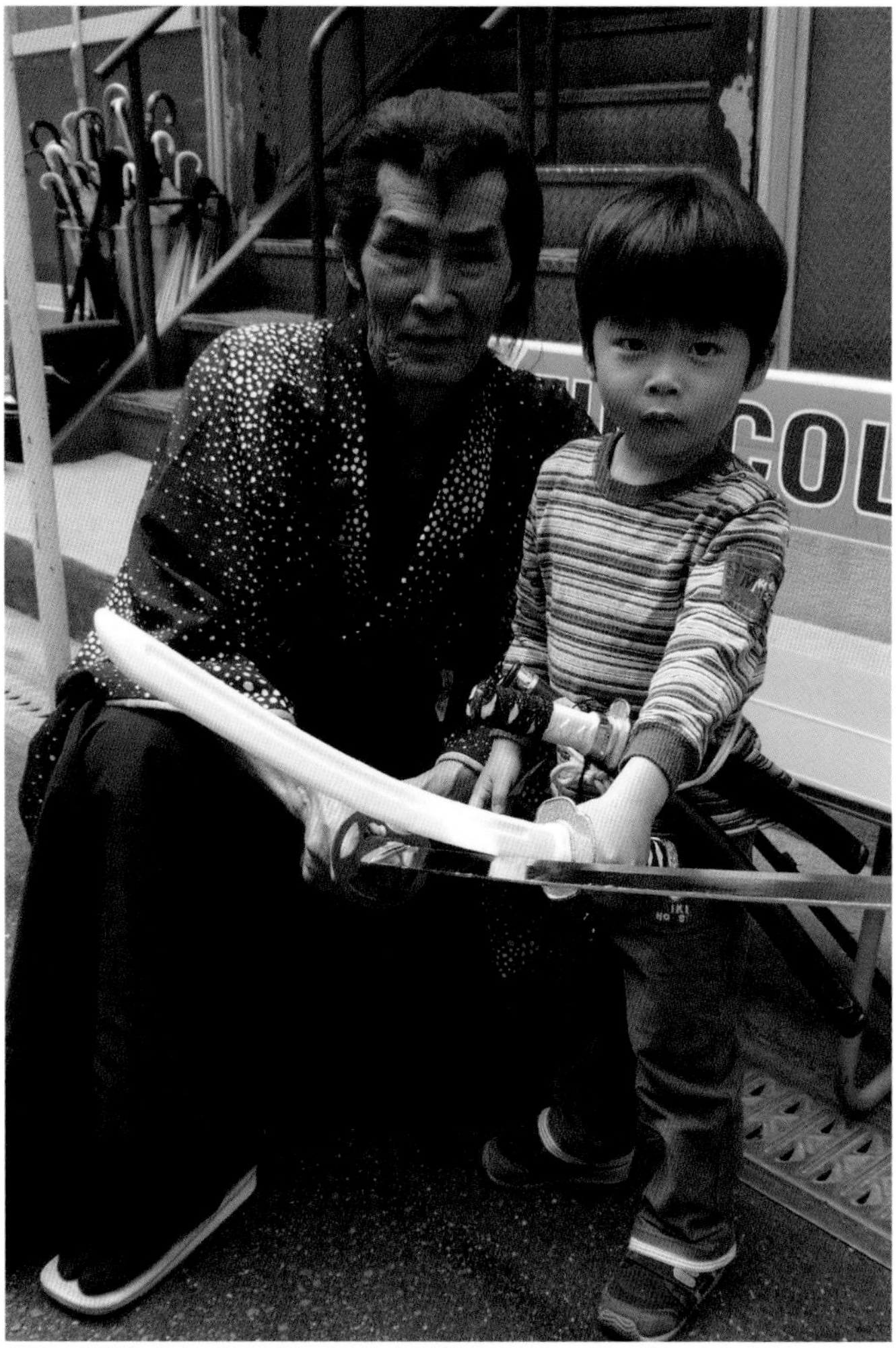

東映太秦映画村にて、チャップリンの孫であるチャーリー・シストヴァリス夫妻を案内する福本と筆者（2013 年 4 月）

劇団とっても便利主催の殺陣教室。2010 年から 2015 年まで東映剣会の会員を講師に招いて毎月開催した（写真は、2010 年 7 月の第一回殺陣教室）／（P067 も全点）

WAR
IS
OVER!

劇団とっても便利ミュージカル『信長とボク　ボクのママ』の宣伝写真（2011年１月撮影）と大阪 HEP HALL 公演の様子（2011 年３月）／（P069 も全点）

Scene 3

主演作『太秦ライムライト』

『太秦ライムライト』撮影初日に（2013年9月6日）

『太秦ライムライト』（2014年）の企画が持ち上がったのは、2007年夏頃のこと。チャップリン家の許可をいただき、筆者が脚本執筆のために本格的に取材を始めたのは2009年。TV時代劇のラス立ち収録を毎週見学し、多くの時代劇で仕出しを経験。殺陣師の清家三彦を迎えての殺陣教室開催、時代劇のミュージカル舞台製作と、東映剣会とも交流を深め、草の根で製作の機運が盛り上がっていった。

インタビューはいよいよ初の主演作の話題に移る。その前に一息入れることを提案したが、福本は休まない。「疲れた」とは絶対に言わない人だった。

――ちょっと休憩入れましょうか？

福本　いや、大丈夫ですよ。

――では、引き続きお願いします。いよいよ今回の映画『太秦ライムライト』の話です。

福本　これも、えらいこってすがな（笑）。

――私が「主演をお願いします」と申し上げた時、先生はどのようなお気持ちでしたか？

福本　いやあ、そんな話はね、ありがたいことなんですけども。まず主役なんて考えたこともなかった。僕らの思いでは、主役といえば、人気があって二枚目で芝居ができて。これが主役やる条件。僕らはもう昔からそう思って育ってきた。揃ってないと主役は出来ないなという思いがある。だから、僕が主役って言われたときに「ええ、待ってよ。何にも無いやないか」と。

――いえ、それは違います！

福本　いや、ホンマの話が！「人気」「二枚目」「芝居ができる」。この条件が一つも無いやないかと。これは全く僕らの思う「主役」から外れてるから、まずこんなことはありえんことやというのが一番先に頭に浮かんだことですよ。だから、嬉しいんですけどそんなことありえんというもんです。

　というのは、僕らも50年やってきて、やっぱり商業的なことを考えるんですよね。まず「どこでどう資金を集めんねや」と。東映でも難しいような資金を何処で集めんねやということですわ。それを考えても、「ああ、こんなことはまずあり得んことやな」と。スターさんでしたら、スポンサーなんぼでも付くやろうけど、僕でっせ。ハハハハ。「斬られ役の福本でこの映画を作るんですけど」ってどこの誰がこんなもんにお金出すんや、と。まず金が集まらんからこんなこと絶対有り得へんなというのが最初に思ったことですわ。

　まあ失礼な話やけどね、こんなお話貰ってて。でも、僕らにはそんな夢みたいな話はないと思っていました。脚本を見せられても、信じてなかった。

　よう考えたらどんな人でも主役はやれる。深作欣二さんは『仁義なき戦い』の現場で、「主演だけが主役やない。画面の隅に写っている福本、お前が主役のときもあるんだ」と言ってくれました。でも、一本通して主役となるとやっぱりどうですかね。たとえ一円でも二円でも儲かるもんを作らんとね。だから、そういうことを考えると、僕が主演っちゅうのは考えられへんなというのが最初の思いでした。

――今まで主演をしたいと思ったことは？

福本　全然全然。思いもしまへん。長いことやってきて自分の器量ってわかりますやん。何も無いし芝居もできへんし。そんなとんでもない、思ったことも無いです。

――最初、脚本を読んだ時点でどんな風にお感じになりましたか。

福本　いや、最初はもう、失礼な話やけど、俺は頭からやる気がなかったから真剣に読んでへんかった。

――ハハハハ

福本　いやほんまに。これはあり得へんという意識でおったから、ほんまに失礼な話やねんけど。もうパアッと読んで、ああ『蒲田行進曲』みたいなものかな、という意識があったわけ。もちろんちゃんと読んだら違うねんけどね。やる気がないということより、「この話は成立せん」というのが頭にあったから、ほんまに失礼な話やけど。だからほんまに悪いわ、申し訳ない。こんなわしは、「アホか」って怒られても仕方ないわ。とにかく、こんなのは天地が逆さんなってもあり得へんと。

　実は、妻の雅子さんの話では、福本は『太秦ライムライト』の脚本を読んでいたらしい。「私が西嶋さんから脚本を受け取って、それとなく家のテレビの前のテーブルに置いとくんですよ。わざとページの間に印を挟んで。朝起きたら、その印が動いているから、読んでるんやなってわかりました（笑）。コソッとみてるんですよ。やらしい性格ですね（笑）」。

『太秦ライムライト』は２０１１年夏に一度製作直前まで行ったのだが、諸々の事情で頓挫してしまう。その後、筆者は製作体制を立て直すことにつとめ、劇団員たちは殺陣教室で福本はじめ剣会のメンバーから毎月立ち回りを教わりその日に備えた。

『太秦ライムライト』の企画を聞いた時、五十嵐は狂喜した。「ファンとしては、やったー！と思った。当たり前ですよ。最後のチャンス。何がなんでも応援しなきゃ。大野さんが諦めないでくれて本当に感謝しています」。

　雅子さんは、5年以上にわたってお願いし続けた筆者のことを、「まあ、しつこかったね本当に」と笑う。「私、途中で大野さんが倒れるかと思った。申し訳ないけど、ほんまにしつこい人やねと思った。いつも良い話があっても流れるんですけど、実現させてくれましたね。私は心の中で〝三匹の侍〟って名付けてたんです。しつこい侍（大野）と、いつまでも斬られ役やってる侍（福本）と、後ろから押している侍（西嶋）」。

　西嶋によると、福本主演の企画の持ち込みは、それまでないわけではなかった。当然ながら、日本一の斬られ役を主演に映画を撮りたい映画人はそれまでにもいた。「でも、僕がその脚本を読んで納得できなかったんです。僕が納得できないということは、福本さんが納得できるはずがありません。『太秦ライムライト』は、一度は頓挫しましたが、体制が整ったと確信したのでやれると思いました。なにより、その間殺陣教室など地道な活動を続けていたことで、剣会と劇団との間で信頼関係があったのも大きかったです」。

そうして、2013年春には、京都市の協力を得て資金の目処もつき、落合賢監督を迎えての製作の体制も固まった。

——しかし、僕が「お金は集まりました。もう行けまっせ。だからからやりましょうよ」と言ってもそれでもずっと断ってはりましたよね。

福本　お金が集まっても、それを上回って儲けることは出来ひんと僕は頭から思ってるから。やっぱりやる以上は、出してもらってる人にたとえ一円でも儲けを返したいと思いますやん。とにかく僕に自信なかったんですよ、ほんまに。そんなもん主役なんて出来るものやないし。責任を感じたんですよね。何回も話したみたいに「地獄見るで」って（笑）。このままやるのも、これで止めるのも地獄見るでって。大野ちゃんがみんなに頭下げて、頑張って資金集めて来たんでしょう？　それを分かってるから。スターさんにもお願いして出演してもらっているわけでしょう。僕が一番思ったのはそういう借りができてるっちゅうことです。正規の予算があって、ハイっちゅうてみんなに金が払えればみんな出ますわね。それじゃなしに「今回はこうやからこの金額でやってください」ちゅうことでしょう？　僕の想像でっせ。だからそれではいかんと思うたんですよ。それで成功すれば「良かった」とみんなも納得してくれる。でもコケたら「見てみろ」と言われる。僕はまずそう思ってしまった。大野ちゃんがそこまで苦労して頼んで、失敗したら文句言われるというのがあるから。ちょっとこれは出来んなと。

2013年7月17日の晩、筆者が雅子さんと電話で話していた最中に、ウォーキング中の福本と路上でばったり会った。「一旦、電話切ります。今、先生が通りかかりましたので」。筆者が福本と一緒に歩き始めた時、雅子さんが走ってきて、「あんた、大野さんとお茶でも飲んで話して来ぃ」と福本の手に五千円札を握らせた。雅子さんは、福本に出演を決めて欲しかったのだ。

——奥様は？

福本　僕は何も女房とはその話しません、大野さんが来てくれてはるよというような話はあったけど。

——やるって決めてくださる前の晩に、ばったり道でお会いしましたよね。

福本　ああ、あの時ね。運命かいなってね。ハッハッハッハッハ。ほんまにね。今言うたら失礼なことばっかりでね。

——いやあ、あれは僕も運命を感じましたよ。ほんで一緒にコーヒー飲みまして、いろんなお話ししていただきましたね。

福本　ほんまやね。でも、これからが大変やと。あとで考えるといらんことばっかり考えてました。

最終的に福本が決断したのは、雅子さんの後押し、五十嵐さんの熱烈な説得、そして西嶋のゴーサインの3つが揃ったからだ。

雅子さんは言う。「ごめんなさい、最初に大野さんが書いてきた脚本は面白くなかった。2回目のも面白くなかった。でも、3回目で『これは！』と思ってマヤさんにすぐ電話入れた。『なんとか福本を動かしてください』って」。

五十嵐さんは、福本に長文の手紙を書いた後、電話をかけた。「福本さん、映画の仕事が一番好きだとおっしゃったじゃないですかと言うと、『そうですけど、僕が主役なんてどう思いますか』と。『福本さんじゃないとだめですよ。福本さんのために大野さんは書いたんですよ。私たちファンも全員見たいんです』」。

最終的には、福本は観念したように西嶋に委ねた。「福本さんは長岡功さんに対して、『あんたが言うなら、そうするわ』と信頼していました。その関係を引き継いで、こんなことを言うのはおこがましいですが、『勇倫、あんたに任すわ』と信頼してくれたのだと思います」。

——ずっとお願いにあがって、「ワシはやらん、ワシはやらん」と言われましたが、最後の最後に「よし、やろう」という決め手になったのは何だったんですか？

福本　それは、こんなんおこがましい話なんですけど、僕が東映に入ってずっと何十年とやっている中で、ずっと応援してくれる人がいてね。今度の映画や大野さんの話もしとったわけですよ。その人からも「主演映画やってください」と言われてたんですけど、1回目に企画が倒れた形になってたし、やっても迷惑かけるかもしれへんしと僕は言うてたんです。でも、「私らも今まで応援してきてんのは、あんたらが仕事してくれんのが嬉しくて、応援してきたんやで」って言われたときに、この何十年の間、僕が何もしてへんのに、世話になって助けてくれて、おかげで『ラスト サムライ』も出られたことを考えたらね。この話はお受けせなバチが当たるなと思て。何もお返ししてへんので、自分が出演することで喜んでもらえるんやったらと思って。

僕も、ほんま大変な話をいただいたってことは、わかってるんですよ。本来はこっちからお願いするものですよね。わしなんか「映画出してくれ」て言うたって誰も出してくれまへんがな、そんなもんね。

――いえいえ。

福本　いや、ホンマの話が。そういうことで、「ああ、そうなんかな」って。「断ったらいかんのかなぁ」って思いが出てきたんですよ。（この辺り、どんどん声が小さくなっていって、よく聞こえない。）

――ありがとうございます。

福本　いや、「ありがとう」ちゃいますわ。こっちが言わなあかんのに。

「やる」と決めた後になって、、より大きなプレッシャーが福本を襲った。福本は本気で西嶋に、「可能なら、東映京都以外のところで撮影できへんか?」と相談した。この撮影所で主演をはってきたのは、片岡千恵蔵、市川右太衛門の両御大をはじめ、萬屋錦之介、大川橋蔵、美空ひばり、高倉健ら大スターばかりだ。15歳からの東映京都育ちの福本にとって、ここで主役をはるのは恐れ多いことだったのだ。

――いよいよやるとお決めになって撮影が始まるまでの間どんなお気持ちでした?

福本　返事はしたものの「どうしたらええもんかね」という気持ちと、「ほんまに良かったかな」と、こればっかりでしたよ。応援してくれている人のことも思って返事したけど、また元に戻るわけですよ。監督は初めての人やし。どうなんやろう、またこれえらいことになんのかって、やる前からいらんことを考えてましたね。

――撮影が始まってからはどうでしたか。

福本　僕は芝居もできへんし、僕が悪かったんやけど、やってて神経的に参ったのは、NHKさん（密着ドキュメンタリー番組）が入ってたことですよね。それがやっぱりちょっとね（笑）。シーンが終わったら「今のはどうでした」とかすぐに来るんですよ。「にんげんドキュメント」のときもそうやったんですが、何か僕が失敗したときとか、ズアアっと撮影しにくるわけですよね（笑）。ちょっとそこは控えて欲しいのに。そら、あっちの気持ちになればね、そういうハプニングを撮りたいし、それはわかってるんだけど、やっぱりあの中でやられるとね。監督と製作が揉めてるところでも、「おい、そこは撮らんでええやないか」と思ったり（笑）。それが契約条件に入ってるからわかってんのやけど。芝居もできひんのにそんな生意気に言うてあれやけど。何もかも初めてのことでした。みんなに気遣って貰えばしんどくなるんよ、逆に。「ほっといて」みたいなね。今までそんなに気遣って貰えへんかったけど、主役やと思ってみんなが気遣ってくれるわけですよ、それがもう辛いですよ。

せやけど、どっちにしても芝居は出来ひんねやから、途中からもう普段通りに、いつもと同じように会社来て予定見て帰って、「あ、今日は侍や」「明日は、立ち回りや」というふうに考えて、それで行こうと思って。それで通したんやけどね。ハハハ。

――では、途中からは平常心で?

福本　芝居的にはですよ。芝居的には平常心で行こうと。何考えたって芝居はできへんもんね。いっつも会社に来てる通りに、そういう形でやろう、と。だから、「ここはこういうシーンやから、こういう演技をしよう」とじゃなしに、（主演であることを）全く無視して、予定だけ見て、「ああ今日は浪人や、ああ今日は立ち回りや」と、今までと同じパターンでやろかなと思いましたね。

「本人は意識して『いつも通り』にしてたんと違うかな」と雅子さんは回想する。「でも、嬉しかったと思うわ。家に帰ってきたら、自分の話より千尋ちゃんの話をよくしてた。『あの子動きがすごい』とかよく話してた」。

西嶋は、「山本千尋さんと落合賢監督の存在に福本は助けられたのだと思います」と語る。「松方弘樹さんらのスターや撮影所の馴染みの面々に囲まれてプレッシャーを感じる中、フレッシュな二人のおかげで心が休まったはずです」。

――山本千尋さんはどうでしたか。

福本　大分助けてもらいました。ほんまにあの人いなかったらあかんかったなと思いますわ。やっぱり凄いなと、芝居度胸なんですかね。俺より堂々としてんもん。びっくりしたわ、ほんまに。俺はもうオロオロオロとね、これでええのかいなと考えてたけどね。あの人に聞いてみたら「（撮影が）楽しい！」って。楽しいってのが現場で一番大事やね。僕らみたいに苦痛になってたらあかんのですよ。だからえらい違いやなと思って。

――立ち回りもお上手ですもんね

福本　そら当たり前や、僕より上手いがな。僕が教えるシーンがあったけど、逆に俺が教えてもらわなあかん（笑）。だって、世界チャンピオンやで。だから千尋ちゃんが一番やりにくかったのは下手に見せるところやろね。役的に立ち回りが下手やっちゅうのを僕が教えるところから始まるからね。殺陣を下手に見せるところが一番辛かったんちゃうんかな。

――松方弘樹さんや小林稔侍さんら、普段主役をはってらっしゃる方が、福本さんの主演作のために脇役に回っていただきました。

福本　だから、それが辛いっちゅうねん。ハハハハ。いやほんまに。知らん人やったらまだしも、知ってる人やから余計にね。みんなお世話になってる人なので。えらいこっちゃな。そんなことしてもろてええのかいなと言うのが頭にあるからね。

――松方さんも「福ぼんが主役やるんやから、喜んでやる」と

福本　それがね、ありがたいんですよ。ありがたい分、辛いんですよ。そういうこと言ってもらうのがほんまに嬉しいんやけど、「ああ、こんなふうに出ていただいて申し訳ない」というのがあってね、ありがたいことは重々やけど。

――萬田久子さん、合田雅吏さん、本田博太郎さんら東映京都にゆかりの有る人もね

福本　もう知ってる人ばっかり。こんなことがあってええんかと思うほど。

――栗塚旭さんや中島貞夫監督もね。

福本　ねえ、わざわざ監督まで出てくれはってね。ハハハハ。監督は今度新しいシャシンを撮ると言うてるから（『多十郎殉愛記』（2019年）のこと）、『太秦ライムライト』の撮影の時に「よーい、スタート！」言うてたことで「あれで監督の血が騒いだんかな」ちゅうて笑ってたんやけども。ハハハハハ。

――峰蘭太郎さん、木下通博さん、柴田善行さんら東映剣会の方々とは本当に息の合った演技で。

福本　あいつらまだ若いから出来るし、みんな喜んでたのは今回こうやってキャストにバーンとポスターに載っけてもうたっちゅうのがね、今まであんまり無いんで。看板見て「ワア」っていってみんな興奮してるし。良かったなと言ってくれるし。僕らは、キャストの看板に出るっちゅうことはまず無いですから。僕ら50年やっててもそんなもんあらへん。今回、剣会もキャストに出してもろて。

　西山にとっても、『太秦ライムライト』は大切な作品になった。「われわれ剣会のメンバーにとって、いい活躍の場、勉強の場を与えてくれたと思ってるわ。松方さんと久しぶりに立ち回りやらせてもろて。お兄ちゃん（松方）と先生の一騎打ちはすごかったなあ。僕ら前座やで。みんな先生しか見てへん（笑）。ほんまに福ちゃんは頑張ってやってた」。

――先生が殺陣を教えられたうちの多井一晃、鷲尾直彦、中島ボイル、佐藤都輝子、上野宝子らも出していただいて。

福本　教えてもうてって、わしなんか、そんなとんでもない話や。今回、ほんまに周りに助けてもらって何とかなりました。みんなの大野ちゃんのお陰や。

――いえいえ。

福本　ほんとに感謝しかしようがないんです。

――撮影中に印象に残ったことって何ですか。

福本　終わってからは、「ああ、終わってもうたな」と思ったんですけどね。撮影に入った時は、「ええ、これからどうしよ」ばっかりでね。最初（クランクインの朝）、あの（撮影所内の）お稲荷さんでお祓いしてね。「ええ、こんなことは知らんで」みたいなことばかりで。

――あまり普段は行かれないんですか？

福本　行かへん行かへん。あれは主役だけですよ。僕ら行っても後ろに居るだけで。だからプレッシャーかかりましたよ。ハハハハハ。

――じゃあ、撮影中、どこが良かったとか悪かったとかは。

福本　全然覚えてない。ただ、迷惑かけてばっかりだったんでね。だからあの頃は睡眠薬飲んでて。寝んと明くる日が辛いから。寝られへんから余計なこと考えるし、また寝られへんし。ほんまによう体もったな思て。

――主役をやってみて良かったなと思うことはありますか。

福本　何にもないわ（笑）。心配ばっかり。いや、ほんまに。もう、えらいこっちゃで。

　クランクアップの日、お祝いの花束を渡して、「いよいよアップですね」と筆者が声をかけると、福本は「はあ？　こんなもんお蔵入りや」とだけ答えた。

　しかし、雅子さんによると、家に戻った福本は花束を抱えて、心底ホッとした、柔らかいいい表情をしていたという。

――完成して、ご覧になったご感想は？

福本　あんまりにも情けのうてね、ほんまに。二回観たんやけどね。観るたんびにアラが出てくる、「なんでやねん」と。芝居のこと全然考えんとやってたからね。「ああ、これに繋げんねやったら、もうちょっとこうすれば良かった」とか、芝居も出来んくせに後で思うんやけど。「芝居せんでもええわ、平常心で行こう」とやってたんやけど、後で見たら「違う、やっぱりそこは監督がこう言うたから、こうすれば良かった」と思ったんやけどもう遅いからね（笑）。監督に「ほんとに迷惑かけてごめんな」って謝らな。これ他の人が主演やったら、もっとちゃんとした映画になったやろなと思うんやけどね。

——いやいやそんな。

福本　会社の人が見たら、この映画は僕みたいなもんをベースにして書いてくれて、僕とダブるところがあるから、「あこれは福本さんの映画」みたいに言ってくれて、そういう意識で観てくれるんやと思う。でも、これ一般の人にとっては、俺じゃなくてちゃんとした違う人がやるともっとええ映画になってた。

——いや、そんなことはないです。

福本　いや、自分でも思うんですよ。

——奥様ともいろいろとお話ししてるんですけど、奥様も本当に喜んでいただいて。

淡路島ロケ

淡路島ロケ

「同級生」同士の一騎打ち

出番を待つ

福本　何言うてんのやあいつは、訳分かってへんやないか、あいつは（笑）。いやまあ、あいつにしたらそらね、そんなことしてもらえるっちゅうのが、大変なことやってわかってるからね。

俺は偉そうなこというてるだけでね。大野ちゃんにいろんなこと偉そう偉そうに言って。ほんと申し訳ないのはわかってるんやで。あんまりにも主役っちゅうのが怖くてね。自分が50年やってきて、あり得んことやと思ってるから。死に土産や。ハハハハ。最初で最後の。

かくして『太秦ライムライト』は完成した。

福本は、自分以外が主役だったらもっといい映画になっていたと言ったが、誰もそうとは思わなかった。長年、福本とともに歩んだ西山は力を込めて言った。「福ちゃんには存在感がある。主役のオファーが来ても、不思議やない。映画を見て、すごいと思った。先生は十分にやり遂げられた」。

ラーメン
600円

忍者

ステージ内
禁煙

警笛鳴らすな

『太秦ライムライト』製作・撮影・公開日誌

【製作時のこと】

2007年夏、当時「映像京都」にいた岡原伸幸と筆者が面会した際、岡原から「チャップリンの『ライムライト』（1952年）の舞台を、太秦か浅草に置き換えて映画を作れないか」と尋ねられた。筆者がチャップリン家に問い合わせたところ、思いがけず「大野が脚本を書くなら」という条件で許諾がおりた。筆者は上方の人間なので江戸のことは知らないが、太秦なら挑戦したい。もちろん、主演は福本清三だ。

こうして、太秦の撮影所を舞台に福本が老いた斬られ役を演じる『太秦ライムライト』の企画は始まった。前述の通り、筆者は東映京都撮影所で立ち回りの撮影を毎週見学し、殺陣を学び、東映剣会と一緒に時代劇ミュージカルを作って、時代劇の世界に身を浸した。

脚本執筆の取材として、たくさんの時代劇に仕出しで出演させていただいたのだが、その中で忘れられない体験がある。2010年の正月『最後の忠臣蔵』（福本は吉良上野介を演じた）の撮影時のこと。筆者は、四十七士の一人として刀を抜いて走った。真冬の京都で、凍えるような夜中の撮影。剣会の木下通博は「大野ちゃん、腰に2枚カイロを貼ってたらええんや」と言うが、そんなことでは寒さはしのげない。家に帰って熱を出して寝込んで、「二度とこんなことしたくない」と思った瞬間、寒い時も暑い時もその仕事に誇りを持って数十年続けてきた福本や剣会のメンバーの顔が浮かび、どうしてもこの映画を作らなければならないと誓った。これは単に斬られ役を描く映画ではない。誇りを持って人生を歩むすべての人のための物語だとわかったからだ。

「水戸黄門」の立ち回りの見学や映画村の福本清三ショーの折に、西嶋と一緒に「福本先生の主演映画を企画しています。ぜひよろしくお願いします！」とご挨拶をした。その度に、福本は「わしが主役なんか、そんなアホなこと言うてたらあきまへん」「そんなアホなことがありまっかいな」。そのうち、筆者の顔を見ると反射的に「アホか」と言い始め、ある時は撮影所の門の前でばったり会い、「先生、おはようございます」と挨拶すると、「アホなこと言うたらあきまへん」と返された。筆者は「おはよう」と言っただけで、アホなことは何も言っていない。さしずめ「500回アホと言われた男」だ。

京都の地元企業や筆者の同級生の映画好きやファン有志らが準備費用を出してくれて、企画は進み始めた。東京のテレビ局に持ちかけたが、「いい企画ですね！じゃあ、人気アイドル主演で作りましょう」と言うばかり。そういう発想しかできないのだ。そんなわけで、地道に京都で作ることにした。成り行きで筆者はプロデューサーにおさまっていた。

脚本執筆は難航した。まず『ライムライト』を受け継ぐものでなくてはならない。次に、太秦の実相を描くのに嘘があってはならない。そして、福本をモデルとしながらも、彼から離れた「香美山」でなくてはならない。試行錯誤を重ね、結局24回書き直すことになる。

多くの志ある人の応援のおかげで、『太秦ライムライト』は2011年夏に一度製作直前まで行ったのだが、諸々の事情で頓挫した。なんであれ、結局はプロデューサーとなっていた筆者の力不足だ。まわりに集まってきていた「業界のプロ」の皆さんは、いろいろむしりとって消えていった。夢を追う素人は、今思えば面白いほどに騙された。何も手伝ってくれなかったのに、誰それの顔に泥を塗ったと罵声を浴びせる時だけ元気になる人もいた。そんなことよりも、頓挫したことで福本清三を傷つけてしまったことを、どうお詫びすればいいかわからないほど申し訳なく辛く思った。

そんな中、当時の東映京都撮影所の奈村協所長は、「僕もプロデューサーをしていたから、こういうことも体験した。慌てずにしっかりと体制を整えてもう一度頑張って」と声をかけてくれて、剣会の木下は「大野ちゃんと俺らの映画や。頑張ろう」と励ましてくれた。最初から応援してくれた人たちは変わらず待っていてくれた。そして、一番傷ついたはずの福本清三は、何も言わず、「そんなん気にしてへん。また映画作ったら、わしは端役で出してくれ」と言うのみだった。寡黙な優しさが身にしみた。

こんな時に頼りになるのが京都の重鎮・中島貞夫監督だった。太秦の録音技師の林基継と三人で京都市役所を訪れて相談したところ、企業や個人からの京都市への寄付の一部を映画助成に振り分けてくれる制度を作ってくれた。この時、汗をかいてくれた当時の門川大作市長、産業観光局の皆さんにはなんとお礼をしていいかわからない。

２０１２年夏、アメリカで映画を学んだ新鋭・落合賢が監督を引き受けてくれることになった。監督は劇団の殺陣教室に生徒として参加したり、剣会の木下の案内で撮影所を見学したりして、太秦への理解を深めていった。木下は監督のために、剣会有志を集めて飲み会を開催してくれた。

２０１３年初夏に製作体制も整って、東映京都の製作部のカレンダーに「9月5日クランクイン」と日付が入った。7月8日、この日のためにロス・アンジェルスからやってきた落合監督と筆者は、福本と西嶋に撮影所で面会し、改めて出演のお願いをした。監督のアメリカ土産を受け取りながら、まだ福本は「はあ、えらいすんまへん。もう2~3日考えさせてください」と言っていた。7月14日の日曜日に、そろそろ決めてくれた頃かと思い、筆者は福本に電話をした。すると、「大野ちゃん、あの話やけど、やっぱりわしの主役はあり得へんわ。ほら、あんたの劇団の若い子でええ子おるやん。あの子らを主役にして、わしは脇役で出してもらうわ」と言い始めた。筆者はこの時ばかりは少し怒ってしまい、「ほなやめますわ！　だって、若者が『老いた斬られ役』できませんやん。おかしいですやん。先生が主役の映画をみんな見たいんですよ！　やめますわ」「いや、やめたらあかん。今まで使ぉたお金どないすんねん」「そんなもん、ドブに捨てますわ。みんな先生に主役やって欲しくて出してもろたんですから」「わかった、あと2~3日考えさせてくれ」。大先輩にあんな口を聞いてしまったことを今も反省している。

その後、忘れもしない7月17日の夜。西嶋と西院で食事をした後、福本の家の近くを通りかかったので、恐る恐る電話をした。雅子さんが出て、福本は日課のウォーキングに出ているとのこと。「先生は、なんかおっしゃっていましたか？」「何も言いません。私としてもやってほしいと思ってるんですけどね」。と、そこに福本が通りかかった。「今、先生が通りました。僕、先生としゃべりますわ。一旦電話切ります」。自転車で追いかけて福本に追いつくと、「おお」と快活に応じてくれた。「ウォーキングの途中ですか？」「うん、まあ」。お互い映画のことを言い出せず、島津製作所本社の横の歩道を二人でぎこちなく歩いた。すると、前方からたったったたと女性がツッカケで走ってくる。雅子さんだった。「あんた、これで大野さんとそこでお茶でも飲んで話して来ぃ」と小声で夫にお金を握らせた。筆者に見えないように渡しているつもりのようだが、それが五千円札であることまではっきりと見えた。誰もが必死だった。

「ほなコーヒーでも飲もか」と近くのファミレスに入った。窓際のボックスに向かい合って座った瞬間に、きっと福本は決心してくれたのだろうと感じた。観念した顔だった。いつもの少し高い早口ではなく、ぽつりぽつりと「あんたやから言うけどな、わしも役者やってる限りは、本当は主役やりたいんやで。でも、わしなんかでええんか？」と呟いた。忘れられない言葉だ。「進むも地獄、退くも地獄。わしゃどうすればええんや」「先生、僕が責任を持ちます。ご迷惑はおかけしません。どこでも最後まで一緒に行きます。全力でやりますから」。その翌日、東映から出演をOKしたという連絡をもらった。福本にお礼の電話をかけると、どっと疲れたのかこんこんと寝ているとのことだった。

主演が決まってからというもの、キャスティングはとんとん拍子で決まった。「俺とオヤジ（近衛十四郎）で合計千回はフクぼんを斬った。ぜひやらせてほしい」と言った松方弘樹に、「2日間しか空いてないんだけど、小さな役でも書いてくれないか」と言った小林稔侍ら、多くのゆかりのスターが福本の主演作を心待ちにしていたのだ。

8月末にはオーディションでヒロインの山本千尋も決定した（詳しくはＳＣＥＮＥ５を参照）。

以上、製作過程をざっと振り返ってきたわけだが、次に「撮影日誌」に入る前に、二つの幸運について記しておきたい。

一つは、２０１３年に撮影できたという幸運だ。

先に触れた通り、２０１１年に撮影直前まで行ったのだが、頓挫してしまった。実は、その時はまだ『水戸黄門』が地上波にて放送中で、毎週ラス立ちの撮影があった。『太秦ライムライト』の脚本は、長寿時代劇番組が終了するところから始まる。２０１１年に筆者が剣会の会合に出席して映画への協力をお願いした際、剣会の最重鎮で殺陣師の上野隆三は、内容に激しく反発し、「『水戸黄門』みたいな長寿時代劇番組が終わるわけないやろ！　ひどいことを書くな！　大野ちゃん、お前には人間の心がないんや！」と1時間半にわたって満座の中で筆者を怒鳴りつけた（補足すると、翌朝に「昨日はすみませんでした」と挨拶すると、「え？　ああ、俺は言いたいこと言っただけや。頑張りや」とさっぱりしたものだった。真っ直ぐでお茶目で厳しくて情に厚い上野は、『太秦ライムライト』の殺陣師、東龍二郎のモデルだ）。

ところが、その年末、思いがけないことに『水戸黄門』の地上波放送が終わってしまう。もし2011年に撮影が実現していたら、毎週行われていたラス立ちの延長で本作の殺陣シーンも行われていただろう。しかし、『水戸黄門』終了後の2013年の撮影は、「久しぶりに剣会と松方弘樹さんとで立ち回りができる」と異様な熱気だった。2013年だったからこそ、メンバーが全身全霊を込めた最高の立ち回りが撮れたのだ。

なにより、2年前の2011年だと山本千尋がまだ中学生でさつきを演じることはできなかったし、落合賢監督とも出会えなかった。もしこれが2年後の2015年になっていると、福本は癌を患い、松方弘樹、剣会の木下通博、そして大映撮影所以来の時代劇録音の名匠、林基継らが世を去っていた。今となっては、2011年に理不尽な頓挫に追い込まれたのは、2013年に最高のメンバーで撮影するために映画の神様が仕組んでくれた幸運だとしか思えない。

淡路島ロケで子役と筆者

休憩中の一コマ

クランクイン初日のお祓い

殺陣の振り付け中の清家三彦（右）と峰蘭太郎

嵐電のロケ

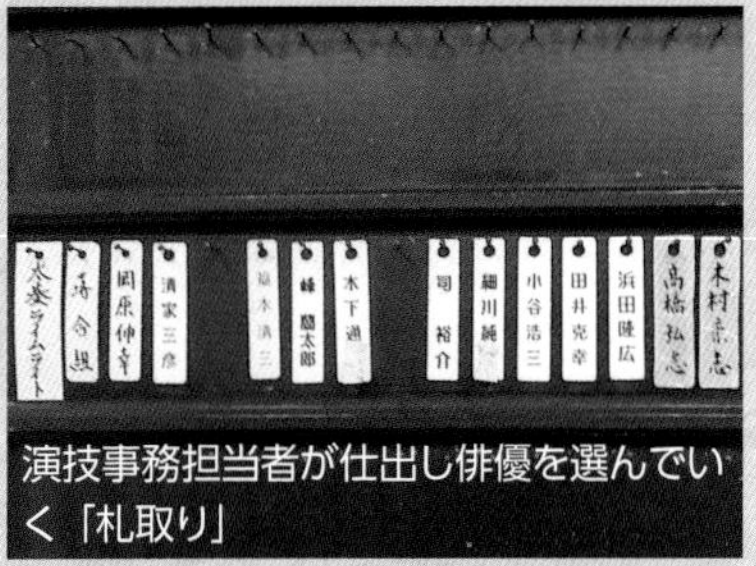
演技事務担当者が仕出し俳優を選んでいく「札取り」

小林稔侍演じる御大

本番前の一コマ

栗塚旭と

もう一つの幸運とは、その落合賢監督を得たことだ。アメリカで映画を学んだ彼は、太秦に敬意を払いながら、しかし冷徹な〈外〉の目で太秦を捉えようとした。彼は太秦の映画職人たちからひどく怒られることもあった。作品に思い入れのある筆者も監督と激しく衝突したことが何度もあった。落合はいろんな人の思いを実現させつつ、同時に彼の信じる核を守り通した。もし太秦を深く知る〈身内〉の監督なら映像がもっとウェットに沈んでいたかもしれない。本作を見た観客が、斬られ役の姿に哀愁を超えた美を感じたとすれば、それはひとえに落合が彼のスタイルを粘り強く貫いたことの賜物だと言っておきたい。

【撮影日誌】

8月中頃…東映京都撮影所に落合組スタッフルームが開設される。

8月19日…午前10時〜スタッフルームで製作本読み（最終スタッフミーティング）

8月30日…最終の修正を経て、14時に脚本入稿。翌日、決定稿印刷仕上がる。

9月1日…東映京都撮影所第8ステージでカメラテスト。これまで数多くのラス立ちが撮影された時代劇専用のセット。立ち回りのリハーサルでは、迫力の熱演で、みんな汗をかいている。しかし福本だけ汗をかいてない。

9月5日…午後に福本と長い会話。

「ずっと眠れてへんわ。あんたのせいや！　わしなんかに主役やなんて」

9月6日〜26日…撮影

【1日目】 8時30分に撮影所内のお稲荷さんにてお祓い。主役・福本清三は浪人の扮装で参加。9時、セットで撮影開始。栗塚旭との冒頭のシーン。もちろん土方歳三の扮装。最初のテイクから涙する。午後は、福本清三、山本千尋、さらに剣会メンバーの木下通博や柴田善行、殺陣師役の峰蘭太郎、多井一晃、中島ボイルが立ち回りの稽古シーン。撮影初日だが、俳優陣にいいチームワークを感じる。夜はオープンセットでロケ。23時50分にようやく初日の撮影が終了。翌日は撮休。筆者は疲れが出たのか下腹部に激痛走り病院へ。その後脚本の改訂。

【2日目】 演技課コンビ本田博太郎と佐藤都輝子のシーンを集中的に撮影。本田は、撮影前に自身の脚本の解釈が合っているかどうかを筆者に相談。本田の役作りに、若手俳優たちは感銘を受けている。

【3日目】 朝からロケバスで嵐山へ。人力車のえびす屋の協力で人力車も手配。福本清三のヤクザの演技がめちゃくちゃかっこいい。午後は撮影所で刑事ドラマシーン。夕食後、オープンセットでナイトロケ。香美山がさつきに木刀を渡すシーン。撮影30分前まで脚本改訂。二人の心のこもった演技で、OKが出た時は自然と拍手が。22時30分終了。

【4日目】 朝8時から終日オープンセット。午前のチャンバラショーのロケ後、監督と脚本家で、作品世界全体を貫く大切な台詞の相談。最終的には、福本清三のモットーである「どこかで誰かが見ていてくれる」にやはりたどり着く。午後からは主役とヒロインの殺陣の稽古のロケ。夜は、小林稔侍演じる御大との回想シーン。福本は、出番はないがじっと撮影を見ていた。この日のために、衣裳から当時の機材まで、こだわりの大道具・小道具が集められた。24時過ぎに終了。編集ルームでは同時進行で編集作業が始まった。

【5日目】 撮休を挟んで、尚玄、中村静香のコンビによる劇中劇「オダノブ」の撮影。オープンセットで久々の猛暑のなかの撮影。夕方から和泉ちぬ演じる床山のシーン。

【6日目】 引き続き、セットで劇中劇「オダノブ」。主にコミカルな芝居の部分を。川島プロデューサー役の合田雅吏と監督役の市瀬秀和は殺陣の達人。今回立ち回りが無くて残念そう。撮影の合間に、二人の時代劇への熱い思いを聞く。

【7日目】 劇中劇「オダノブ」、山本千尋の立ち回りを中心に。監督の思い入れが強く、予定は9時間押しに。午前1時に終了。1シーン撮りこぼす。

【8日目】 台風接近で急遽撮休日を挟む。翌日も記録的豪雨のため、ロケを諦め所内での撮影に。天気の影響で、エキストラの人が二人来られなくなるハプニング。しかし、この日に高級車をレンタルしていたので、スターになったさつきが撮影所を再訪するシーンだけは撮影。

【9日目】 淡路島ロケ。引退して田舎に引っ込んだ香美山のもとをさつきが訪ねる。書き手としてこだわったシーン。台風で稲穂が倒れていないか心配したが、黄金の棚田が美しい。台風一過で、雲一つない瀬戸内海に素晴らしい夕日。主人公とヒロイン、子役の演技に目頭が熱くなった。

【10日目】 午前から、これまで撮りこぼしたシーンをいくつか撮って、快調に進む。夕方、殺陣師の清家三彦と筆者とで、殺陣シーンの打ち合わせ。カット割りまで綿密に考えた上での殺陣の構成。夜は、クライマックスの一つ、香美山と多井一晃が演じる若手俳優・野々村との、駅での別れのシーン。10回撮り直してOKが出る。嵐電のご好意で、車両とプラットフォームを提供してくれた。

【11日目】 松方弘樹さんの衣裳合わせ。夕方からは、初日に撮影したがしっくりこなかった、香美山とさつきの出会いのシーンを脚本変更して撮り直し。撮影中に深まった二人の信頼関係が出て、さらにいいシーンに。夜遅くに、清家のプランに基づいて、翌日の立ち回り演出打ち合わせ。その際、清家から「明日までに、劇中時代劇『江戸桜風雲録』の主役（松方弘樹）の、ラス立ち前の決め台詞を考えてきてくれ」と言われる。

【12日目】 朝7時に起床し、30分で「決め台詞」を考え、撮影所に送付。桜に因んで在原業平の和歌をモチーフにした。9時30分に撮影所入り。メイク中の松方に直接改訂をお渡しする。いくら昨日変更が決まったこととは言え、当日朝に台詞変更をお渡しするのは失礼なことだが、松方はその場で何度も読んですぐに覚えてくれた。松方から、何度も「良い本だ」との言葉をいただき感動。この日は松方と福本との殺陣の撮影。序盤にあるテレビ版『江戸桜風雲録』のシーン。迫力の立ち回り。これぞスター。昼食は松方と撮影所近くの中華料理屋で定食を。次々と湧き出てくるように今後の映画界についてのアイディアを聞かせていただく。夕食前に、ラストの立ち回りの打ち合わ

せ。撮影は21時に終わったが、その後編集中のラッシュ・フィルムを見る。これはすごい映画になると確信。

【13日目】 撮休を挟み、いよいよラストシーンの撮影へ。7時半に斬られ役たちが撮影所内を居並んで歩くシーン。セットは9時開始で立ち回りから。この日の特別ゲスト出演は、大重鎮・中島貞夫監督。杖をついている中島を見て、松方が「どうしたんですか、監督、杖なんかついちゃって」「え？ 転ばぬ先の杖だよ、ひろきちゃん」。俳優会館からセットまで、中島貞夫と松方弘樹と筆者の3人で歩く。セットでは東映剣会のメンバーが勢揃いして、「おはようございます！」と中島・松方を出迎える。全盛期の撮影所の熱気は、このようであったかと思わせて、目頭が熱くなる。

撮影が始まり、60本以上の作品を手がけた中島貞夫の、「よーい、スタート！」の声が響く（落合監督は、中島の声に影響されたのか、その後、同じ発声で「よーい、スタート！」と言っていた。太秦の魂が気鋭の若者に乗り移ったかのように）。福本清三、剣会、そして松方弘樹が立ち回りをし、合田雅史、本田博太郎が見守る。この映画が背負う歴史を、17歳になったばかりの山本千尋や劇団とっても便利団員ら若手が次代へと引き継ぐ。

初めて作品を見た後に取材に応じる

二条城でのプレミア上映前に

二条城での演舞

二条城での演舞

京都初日の前に

二条城 二の丸御殿台所にて舞台挨拶

地元から駆けつけた応援団

東京初日

東京初日

立ち回りの撮影は白熱し、15時までかかった。

昼過ぎに、福本と清家とから、脚本上の相談があると俳優会館のロビーに呼び出される。松方が演じるスターに対して、香美山が「旦那、怖気付いたんでっか？（チャンバラの腕が）えろう鈍りましたな」という台詞があるのだが、それを変えてくれとのこと。「仕出しがスターにこんなん言われへん」しまいには、「わしはこのセリフを言うたら、死んでしまう」と。でも、筆者は「仕出しがこんなことを絶対に言わないのはわかっています。先生がこのセリフを言うたら死んでしまうのも知っています。でも、映画の中の香美山はこの最後のチャンバラに死にに来てるんです。すみませんが、先生、死ぬ気で言うてください」と1時間半の押し問答の末、結局言っていただくことになった。

セットに戻ると、剣会の何人かが、「先生にあんなセリフ言わせて、クソ大野、アホ大野」と言っているのが聞こえてきた（むろん、彼らがそう言うのは正しい）。案の定、福本はそのセリフがなかなか言えず、19回のNGを出してしまう。東映同期だがずっとスターである松方にどうしても言えないのだ。松方はそのセリフがドラマにとって重要なことをわかっていた。そして、なぜ福本がそのセリフをうまく言えないのかも理解していた。その時、松方がNG連発の福本にかけた言葉、「どうしたんだよ、同級生！　命まで取られやしないよ！」は今思い出してもその友情に涙が出る。無事に言い終えた時は大きな拍手がおこった。

芝居部分の撮影は24時までかかって終了。それでも、芝居部分を撮りこぼした。その後スタッフでミーティング。予定では、今日芝居を撮ってしまい、明日は立ち回りということになっていたが、撮りこぼしたので、明日はまず立ち回りから始めて、その後芝居の残りを撮ることにした。体力的にもその方が良い。

【14日目】 26カットある立ち回りを丹念に撮って行く。筆者が、10時にセット入りすると、監督が「順調です。時速4カットで撮ってますよ」。

午前最後は、松方弘樹の立ち回りの見せ場。息をするのも忘れるほどの迫力で、一同大興奮。立ち回りに参加していた多井一晃も、顔を紅潮させて、「大野さんはモニターで見てたでしょ？　こっちはその場にいたんですよ。すごいですよ！　あんな強い侍に斬り掛かって行くはアホやと思いましたよ。めっちゃ怖いですよ」と。昼休憩の後も立ち回りは続いて、20時に撮り終える。21時に再開して芝居部分を撮る。順調に進み、23時30分に芝居撮影終了。

そして、その後、主役・福本清三のラストの海老反りを様々な角度から撮る。横から、俯瞰で、顔のアップ…連日の疲れをもろともせずに、主役は演技を続ける。常人離れした体力と気力。こんな真夜中に申し訳ないと思いつつも、このシーンを収めるためにここまで来た、このためにみんなで頑張って来た、これを収めないことには映画界は末代まで後悔する。そう思って、数十年に渡って培ってこられた技をキャメラに収めた。午前1時、ラストシーンの撮影が全て終了。

【15日目】 7時30分スタート。楽屋のシーンの撮りこぼしを撮影した後、9時から閉店中の店を借り切って、萬田久子演じる美鶴の小料理屋シーンの撮影。3シーンだけだが、9ページもある濃いシーン。20時までかかって撮り、福本清三の演技もオールアップ！

夕食後、21時20分、セットに移って、タイトルシークエンスの撮影。午前1時にクランクアップ。大きな拍手。主役福本清三の目に涙が光っていた。

【公開とその反響】

撮影中から並行して急ピッチで編集・音楽などの作業を進め、11月25日には渋谷の映画美学校で関係者試写を開催。ついで、翌２０１４年1月8日に立命館大学で京都初試写が行われ、その時に、福本清三は初めて作品を見た。じっと背筋を伸ばして見ていた姿が印象に残った。

1月9日にNHKで密着ドキュメンタリー（ただし、かなりの部分に演出が施されていて、筆者の知る「ドキュメンタリー」とは異なったものだった。筆者は撮影終了2ヶ月後に「今思いついたていでセリフを書いてください」と求められ、もちろん誇りを持って拒否した）が放送。14日にはNHKで冒頭をカットしたテレビ版が放送された。

春に、筆者の同級生の友人の尽力もあり、東映の子会社であるティ・ジョイでの配給が決定。京都ではT・ジョイ京都、ムービックス京都、TOHOシネマズ二条、他は新宿バルト9、梅田ブルク7等で公開が決まったと福本に知らせると、「ミニシアターで細々とやると思ってた。また寝られへんわ」とびっくりされる。

その後、福本は数十社の取材を受けて、本作の話題がマスコミを賑わせた。京都市による京都市民しんぶん全戸配布、市営地下鉄、人力車のえびす屋、嵐電、二条自動車教習所、各商店街、大阪市営地下鉄などでのキャンペーンが展開された。

6月8日に、二条城の重要文化財「御台所」でプレミア。上映前には、福本清三・山本千尋らによる殺陣が披露された。

6月9日は、梅田ブルク7で一般試写会。福本清三が舞台挨拶に立つ。その日は、二条城プレミアの様子が、メディアで大きな話題になった日だったが、楽屋で「先生、おめでとうございます」と言っても、まだ実感のない様子。「わしが主役の映画なんか客来まへんで。すぐに打ち切りでっせ」「今日も１６０人の定員に、応募８００名ですよ」「ほんまかいな…わしゃ寝られへんわ」。

一般試写会の会場ロビーでは、見知らぬ人に「大野さんですよね。ずっと福本清三さんのファンなんです。素晴らしい映画を作ってくださって、ありがとうございます」と号泣しながら言われ、またビルのエレベーターのなかでも、お客さんが何気なく発した「今日は歴史的な一日やった」という言葉を耳にして、大いに励まされた。

6月14日に関西先行公開が始まり、福本はT・ジョイ京都など3つの映画館で舞台挨拶。全回満席。福本の地元・香美町からも町長はじめ同級生ら応援団がかけつけた。7月12日には全国拡大公開。福本は新宿バルト9と横浜ブルク13で舞台挨拶をして、やはり満席。

福本にとっては寝られない日々が続い

たようで、公開後は西嶋に「お客さんは入ってるんか？」と何度も売れ行き状況を聞きにきたという。「わしゃ、映画館には見に行ってへん」と言っていたが、雅子さんによると、「たまにちょっと帰りが遅いな、と思うことも合ったので、見に行ってるのかなあと思う時もありました」とのこと。

しかし、映画のヒットとともに、福本の心配も消えていった。8月7日、福本は新宿バルト9でヒット御礼舞台挨拶に立つ。エンドロールで、福本清三の名前があらわれると満場の客席から拍手がわき起こり、本人の登場で全員スタンディング・オヴェイションに。ところが、福本は客席に向かって「座ってください」と必死でジェスチュアをしたので場内大爆笑。

こうして、『太秦ライムライト』は、T・ジョイ京都での12週間のロングランをはじめ、各地でヒットを記録した。

海外でも高い評価を受け、カナダの第18回ファンタジア国際映画祭で、シュバル・ノワール（最優秀作品賞）、福本清三は史上最年長、日本人初の最優秀男優賞を受賞。他に、第13回ニューヨーク・アジアン・フィルム・フェスティバル「最優秀観客賞」、オランダのカメラジャパン・フェスティバル「観客賞」、アメリ

東京初日

サイン会はいつも長蛇の列

京都千秋楽に楽屋で

香住凱旋上映

香住凱旋上映

東京の大ヒット御礼舞台挨拶

パリのジャパン・エキスポ。福本の教えを受けた団員たちが殺陣を披露

パリのジャパン・エキスポ

香住凱旋上映

カのハートランド映画祭「作品優秀賞」、第10回おおさかシネマフェスティバル「2014年度ベストテン 第10位（日本映画の部）」「特別賞」、ドイツのニッポンコネクション「ニッポンシネマアワード（最優秀作品賞）」、福本清三と「京都市太秦ライムライト製作委員会」に「京都文化芸術表彰・きらめき賞」など、国内外13の賞に輝いた。また、アメリカの「ゴールデングローブ賞」の外国語映画部門の選考に日本代表作として入選。翌2015年6月には、パリのジャパン・エキスポで上映され、8000人の観客を魅了。この時は、チャップリンの孫、チャーリー・シストヴァリスが登壇した。

批評家たちは福本に最大級の賛辞を贈った。

「福本が、（略）時代劇のセットの片隅でひとり斬られる瞬間の稽古をしているとき、その姿は闇の中できらめく一筋の光のように輝いて見える」（沢木耕太郎、「朝日新聞」2014年6月27日）。

「実在する『斬られ役』である福本がスクリーンで示す卓越した存在感は、この作品に哀感と厳粛さを与えている。そしてこれは、遂にライムライトを浴びる好機を得た福本清三という役者にふさわしい映画である」（マーク・アダムズ、「スクリーンデイリー」チーフ評論家）。

香住凱旋上映の様子。この時、香美町観光大使に任命された

チャーリー・シストヴァリスは、福本が長年にわたってチャップリンを尊敬してきたことを思えば、この上なく感動的な賞賛の言葉を述べた。

「私の祖父チャップリンは映画の中で警官のお尻を蹴り上げることでスターになりました。福本清三さんは斬られることでスターになりました。二人は大きく異なっているように見えますが、大切な共通点があります。それは、二人とも虐げられた人々の味方であり、名もない人々の代表であるということです」。

福本を支えてきた西嶋は、誇らしげに言う。「評価されたことは本当に嬉しかった。でも、こんなことを言うのもなんですが、福本さんなら当然だという思いもありました。ちゃんと見てくれていたんだなと思いました」。

五十嵐さんは快挙に涙を流した。「福本さん、やり切った。『太秦ライムライト』はどのシーンも全てが最高でした。『ラスト サムライ』もすごい仕事だったけど、『太秦ライムライト』は大感動でした。カナダで福本さんが主演男優賞というニュースを電車の中で見て、人目も憚らず泣きました」。

筆者は、主演男優賞受賞の日にお祝いの言葉を伝えようと福本に電話をした。すると、雅子さんが出て、思いがけないことを言われた。「今、福本はウォーキングに出ています」。——受賞の日も鍛錬することを休まない。それが福本清三を福本清三たらしめたのだ。

ここまで『太秦ライムライト』で福本が得た栄誉を綴ってきたのだが、その中でも特別な出来事といえば、ふるさと香住での凱旋上映だったと筆者は思っている。

２０１４年11月3日、香住駅に降り立つと同級生たちが出迎えてくれた。町は特産のカニで福本をもてなした（「こんなに食べられへんわ」とその半分以上を筆者の皿に置いてくれた）。会場となる、香住区中央公民館は異様な熱気に包まれていた。「香美町森出身　福本清三さん　ふるさと凱旋上映会」の大きな垂れ幕。町の人口のうち、実に1割が香住の英雄を見るために集まった。映画の後、観客は福本が講演に聞き入り、サイン会は長蛇の列となった。福本は1時間以上ものあいだ、立ったままサインをし続けた。

幼馴染の宮下さんもその列に並んだ一人だ。「私もサインをもらいました。あんた偉い人になったんやなと声を掛けると、清ちゃんは照れ臭そうにはにかんでいました」。

チャーリー・シストヴァリスは、『太秦ライムライト』の中で、田舎に帰った香美山が幻の子供たちを追いかけるシーンに涙した。「美しいシーンであるとともに、恐ろしさも感じました。男が子供を追いかけるのですが、子供はふっと消えてしまいます。あれは幻だったのです。その時、あの男はやがて死んでいくのだとわかるのです」。

西嶋によると、福本清三本人も、そのシーンが一番好きだったという。理由を聞きそびれてしまったのだが、ひょっとしたら宮下さんと同じ思いだったのかもしれない。少年時代に福本といつも遊んでいた幼馴染は、同じシーンが好きだと筆者に言ってくれた。

「あの、子供を追いかけるシーンを見て、ああ、清ちゃんは野山で走り回るのが好きやった、あの清ちゃんそのままやと思いました。山の中を走るのが、清ちゃんは似合う。一緒に、山やそこらじゅうを駆け回りましたんでね。ふるさとの風景やなと。この辺の風景も昔と変わりましたけど、懐かしい、昔を思い出しました」。

福本もあのシーンに幼い頃の自分を見たのだろうか？

宮下さんはなおも言葉を継いで、幼馴染への思いを言葉にした。それは簡潔にして、福本清三という一人の男の生に捧げられたもののなかで、もっとも美しくそして胸を打つ言葉だ。

「清ちゃんは好きなことをずっとして偉くなったんや。幼馴染で、おとなしい人やったけど、一生懸命やると偉い人になるんだなと思いました」。

Scene 4

5万回斬られた男
5万回立ちあがった男

『太秦ライムライト』公開後、「婦人公論」の取材で映画のヒットと受賞の喜びを語った（『婦人公論』2014年11月7日号）

「『太秦ライムライト』の撮影後、公開までは、心配ばかりしていたのか福本さんは顔色が悪かったんです。でも、公開して、評価を受けて嬉しかったんでしょうね。2014年から亡くなるまでは、昔の悪役の怖い顔ではなく、素敵な、いい顔をされていました」と西嶋は回想する。

　こうして、人生の最後に全盛期を迎えた福本清三は、時代劇の未来を語った。

――みなさんが『太秦ライムライト』を応援してくださるのは、福本先生のこともそうやし、この映画をきっかけに京都の時代劇をもっと作って欲しいという思いがありますよね。

福本　それはもう全く同感です。僕もこの映画で一番思うのは、立ち回りや時代劇を伝えたいということ。これから未来を作るのは、やっぱり千尋ちゃんのような若い世代。死んで行く斬られ役が、時代劇のこれからを背負う新人に立ち回りを教えるちゅう話やからね。チャップリンさんの『ライムライト』じゃないけど、若いもんが出てきたら僕らは去って行かないかん。何でもそうやけど、世代交代があるんで。今は低迷してますけど、必ずまた時代劇は復活すると思うんです。そのためには若い人が残ってんとあかんわけです。今回の千尋さんの役のように、ずっと繋げていく。今こういうことを僕らはせないかん。

『太秦ライムライト』は何度も繰り返し上映され、多くの新しい観客を魅了した。晩年の福本は、時代劇の心を次代に伝えるために奔走した。喋るのが苦手だったはずなのに、多くの講演やトーク番組出演を行なった。むろん、役者として様々なジャンルの作品に出演しながら、以前と変わらずに時代劇で斬られ続けた。

福本　みんな時代劇をなんとかしたいという思いはあるんです。だから、千尋さんみたいな若い人に頑張ってもらいたい。僕らはもう終わって行くんやから。

　でも、共感してくれてもなかなか実行してくれるところが無い。お金の問題が絡んでくるから。テレビ番組やったら視聴率取らないかんしね。なんといっても商売やから。そういう中で時代劇も残らないかんのやけど、やっぱり面白いもん作れば必ずお客さんは観てくれると思うんですよね。なかなか時代的に厳しいですけど、時代劇ちゅうのは僕は無くならんと思います。僕らは「これが東映の時代劇や」ってやってきたんですけど、色々な時代劇があって良いと思うんですよね。「これや」ちゅう枠を固めないで、色んな枠があって、色んな主役が出てきて。まあ、今回は俺みたいなもんが主役やって、そんな時代劇があってもこれからはええんかなと思ったりはしたんやけどね（笑）。

　やっぱり色んな作品が無いと時代劇も固定されてしまう。「これが時代劇や！」つうても若い人もついて来ないやろうし、色んな時代劇を作れば、違うものも生まれてくるんじゃないかなと思ってます。

――じゃあ、やっぱり「時代劇をもう一回作って欲しい」という思いも後押しして出演をお決めになったのでしょうか。

福本　いや、そこまでは（笑）でも、僕らみたいなもんでも、ちょっとでも役に立つのやったらと思っています。僕らはもう終わって行く人間やから、若い人にどう伝えていくかやね。

――今後どんな作品に出たいですか？

福本　いや全くないです。今回で50年間の集大成。ほんまにこんなありがたい話はあることじゃない。最初で最後。50年間で初めて、こんな大きい役もらったちゅうのは感謝です。みんなからここまでしてもらえて、ほんまに斬られ役冥利に尽きますよ。今までやってきて、恵まれて、良いことばっかりあって。こんなことあってええのかな。そんな思いで生きてます。だから、これからこうしたいというのは全くなくて、平常心で。偉そうにいうんじゃないですけど、原点に戻ります。

　僕はいっつも「原点」が大事やと思うんですよ。背伸びするんじゃなしに、自分のやりたいこととか、ああやこうやじゃなしに、原点に戻る。ただコツコツやってね。それが一番気も楽やし、「ここまでやったから次は上のステップ」じゃなしに、また元に戻るっちゅうのがええんかなと。

　だから、別に『ラスト サムライ』に出たから、こういう役はやれへんって話にはならへんのです。俺はこれが原点やと。仕出しから始まって、たまたま『ラスト サムライ』『太秦ライムライト』があった。たまたまそうなっただけです。それが終わったらやっぱり元に戻るんや。ハハハハ。頭からまたコツコツやれば良いこともあるやろと。また明日に向かって一生懸命せな。

――これをきっかけに主役のオファーばかりがきたら？

福本　ありますかい。そんな世の中、甘うないですって。ほんまに（笑）。

　『太秦ライムライト』公開から1年経った２０１５年、福本の肺にがんが見つかった。夏ごろに精密検査を受けた時、雅子さんによると、福本はずっと妻の手を握りしめていたという。「初めてです、主人が私の手を離さなかったのは。心細かったんやろうね」。検査の帰りに雨が降ってきて、福本は雅子さんのさす一本の傘に入った。妻の肩にじっとくっついて。「昭和の男って奥さんと手を握るのはすごく嫌がるんですけど、しっかり手を握って離さないんですよ。それからですね、主人が私のことを離さんようになったのは。喜んで良いのか悲しんで良いのか」。

　２０１５年9月に、小田原城で『太秦ライムライト』の野外上映会が行なわれ、福本と合田雅吏と筆者が、阿藤快の司会でトーク出演した。阿藤の「この映画の見所は？」との問いに、「そんなん無い」と福本が答えて、場内（城内）が爆笑となった。パンフレットのサイン会にはいつもの通り長蛇の列ができて、丁寧にサインをした。今思えば、それはがんの告知後、手術直前のことだったのだが、全く気づかなかった。

　その時は幸いなことに抗がん剤治療が効いて、がんは寛解した。半年ほどで現場に復帰して、いつも通り現場で仕事を続けた。「お元気だったころと変わらずに続けていたので、他の人は気づきませんでした」と西嶋も言う。

　２０１８年7月30日に、福本は、筆者が脚本・プロデュースを担当した映画『葬式の名人』（２０１９年）の茨木市ロケに参加した。1シーンだけの出演で、中島貞夫がヤクザの組長、福本が若頭、劇団とっても便利の鷲尾直彦が組員という配役。始まる前はにこやかな好々爺だった福本は、スタートの合図で鋭い眼光の老いたヤクザになりどすの利いた声で演技をした。斬られ役同様に、長年演じてきたヤクザ役の凄みを垣間見た思いだった。同年11月には劇団とっても便利のミュージカル公演を観劇。「若いみんなが頑張っているのを見て、若い頃を思い出したわ」と感想をくれた。若い現場を見ると、福本はいつも顔を綻ばせて心の底から感心してそう言ったものだった。そんなことで、福本ががんになったことを筆者もすっかり忘れていた。

　福本の名声はますます高まるばかりだった。彼の言葉は小学校と中学校の道徳の教科書にまで掲載され、若い世代を励ました。福本も喜んでいたに違いないが、「ありがたい話やで」と言った直後に、「なんやけどな、ほんまにええんかいな」といつもの調子で西嶋にこぼすのだった。

　そんなわけで病気とうまく付き合いながら仕事を続けていたわけだが、2020年にがんが転移していることがわかった。治療がしにくい場所だったが、それまで抗がん剤治療がうまくいっていたこともあり闘うことを選んだ。

　8月7日、「おかしな刑事京都スペシャル2」の劇中時代劇のラス立ちで、福本は壮絶な斬られっぷりを披露した。それが人生で最後のチャンバラとなった。今では歩く速度もゆっくりになっていたが、日課のウォーキングも続けて、次の撮影に備えていた。

　8月24日、福本はNHK BSプレミアム時代劇『十三人の刺客』の撮影に参加した。堂々たる道場主を演じた後、セットから俳優会館までの間を、何度か休みながら時間をかけて戻った。剣会の柴田善行は何度か「大丈夫ですか？」と声をかけたが、「いや、大丈夫や」といつもの通り明るく答えていた。暑い日だった。福本は、慣れ親しんだ撮影所の風景を目に焼き付けるように、じっと眺めていた。

　西嶋は福本の体調を心配して、タクシーを呼んだ。

「家にいると、急に玄関のベルがピンポンってなったんです。誰かと思うと主人でした。大きな声で、『わしはスターじゃ！』と言いながら、玄関から居間までの廊下を歩いたんですよ。撮影所から車に乗って帰ってくるのはスターさんだけですから」。心配させないように冗談めかして言ったのだろう。しかし、雅子さんには家の廊下が花道に見えた。斬られ続けて62年。最後の撮影の後、彼は「わしはスターじゃ！」と言った。

　その数日後に入院したが、10月下旬には自宅療養に切り替えた。雅子さんの食事をしっかり食べてリハビリをして、一時は立ち上がるほどの回復を見せたこともあった。

　『太秦ライムライト』製作中に、素人プロデューサーだった筆者はいろいろと騙されたのだが（むろん、筆者の力不足のせいだ）、福本を心配させたくないので何も言わなかった。その後、2020年末に公的な場所で当然の判断をいただいた。何も知らせていなかったが、福本のことだから直感的に見抜いて、きっと心配してくれていただろうと思って、12月27日に電話で勝利のご報告をした。「安心した顔をしていましたよ」と雅子さんは教えてくれた。今思えば、あんな年末に電話をしようと思い立ったのは、虫の知らせだったのか。

　福本は元気にお正月を迎えることができた。「『黒豆炊けよ』とか『おもち、ちょっと柔らかめにしてくれ』とか「宝くじ買うてきたか」とか、普通の会話してて。それで夕方に、『ちょっと寝るわ』って言って。ほんまに静かにスーッと」。

　2021年1月1日、午後4時10分。福本清三は次の現場へと旅立った。

「こんな役者はもう出ない」と五十嵐さんは力を込める。「撮影所に大部屋俳優として入って、『自分はサラリーマン。会社に行って働いているだけです』と。それがあれだけのスターになったのですから。努力はもちろん、運にも奥様にも恵まれた。最後は人柄ですよね。最後の最後まで仕事をして旅立たれた。福本さん、かっこいいです！」

　西嶋にとっては、父親と同世代の福本は家族同然のつながりだった。「福本さんとは、この15年間、実の家族とよりも長く一緒にいました。福本さんが栄誉と幸福に満ちた晩年を過ごされて、本当に嬉しかった。がんを患っても、最後まで現役でした」。

　西山にとって、仲間を失った喪失感が消えることはない。「寂しい、悔しい。近くにいたからね。言いたいこと言い合って。現場で行動を共にする仲間。だから、剣会にせよ現場にせよ、もうちょっといて欲しかったなぁ」。福本と同じように、西山は時代劇への思いを語った。「時代劇は必ず戻ってくる。今までも浮き沈みは何回か経験した。もう一度花が咲いてくれたらと思ってる。先生の好きな時代劇、守っていきますよ。見守ってください」。そして、一緒にラスヴェガスに行った時の写真を見ながらしみじみと呟いた。「福ちゃん、ありがとな。長いこと付き合ってくれて」。

福本は、最後まで斬られ役を続け、自分の思う殺陣ができなくなった時、旅立った。なんと見事な俳優人生だろうか。ただ、本当のことを言えば、チャンバラができなくなっても、近くにいてほしかった。次の主演作をお願いして、もう一度だけでも「アホか」と言われたかった。でも、そんなことを言うのはやめることにしよう。言うまでもなく、福本は作品の中で確かに生き続けているからだ。

雅子さんは福本の生涯を振り返り、「幸せやったね、パパ」と何度も繰り返した。「本当に良かった。今でも、こうして周りから色々と言っていただいて、幸せな男やね、パパ」。

福本インタビューの最後は、次の言葉で終わっている。というか、終わっていない。自身の主演映画のパンフレットのための取材なのに、相変わらず謙遜して、逆に聞き手である筆者を笑いも交えながらねぎらい始めた。そのため、筆者の方が気恥ずかしくなり途中で録音をやめたのだ。録音が終わった後も、いつまでも冗談が続いて途切れそうにない会話。そこに福本の優しさがそれこそ今も途切れずに感じられる気がするので、そのまま収録することにする。

劇団とっても便利の舞台を観劇したときの一枚。京都府立文化芸術会館にて（2018年11月）

——最後に観てくださるお客様に。

福本　とにかく、「どこかで誰かが見ていてくれる」と感じてもらえるのが一番。若い人の中には、すぐ上見たり「わしは何やっていいのかわからん」いう人いっぱい居ると思うんですけど、何でも良いから自分でやり出したことやったら、それに向かって、「その中で一番になんねや」と。どんな分野でもいいですやん。そん中で一生懸命やって。上を見たらキリが無いけど、一生懸命やらないと。すぐトップに行くって出来ひんから、一歩一歩やっていかないと。どんな仕事でもね、それが一番かなと。

——その仕事に誇りを持って。

福本　そうですね。だから、好きにならんといかんしね。嫌なもんはできませんもん。自分のやっていることを好きになって、その仕事のトップを目指して。そういう気持ちで。気持ちだけですから。

——どうもありがとうございました。

福本　いや、全然なんや訳分からんことを言うてばっかりで。うまいこと編集しといて。あんた、商売やから、脚本うまいから。

——商売って（笑）。

福本　商売やから、さすがやな。

『ジャック・リーチャー NEVER GO BACK』のジャパン・プレミアにトム・クルーズに招待されて参加。エドワード・ズウィック監督とも再会。トム・クルーズは来日のたびに福本と会うことを心待ちにしていたという（2016年11月9日）

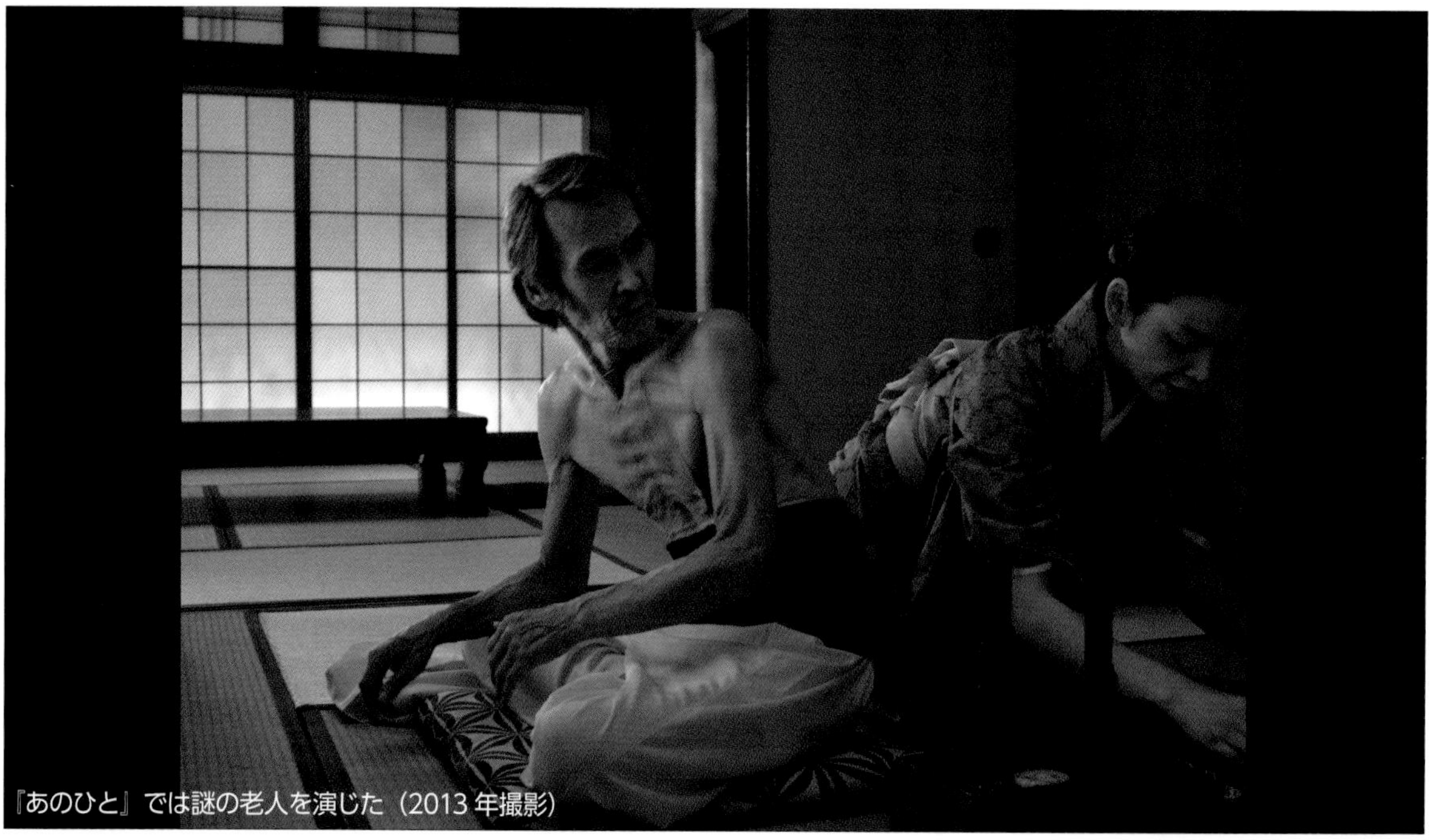

『あのひと』では謎の老人を演じた（2013 年撮影）

落合賢監督と撮影所で再会（2017 年 8 月 10 日）

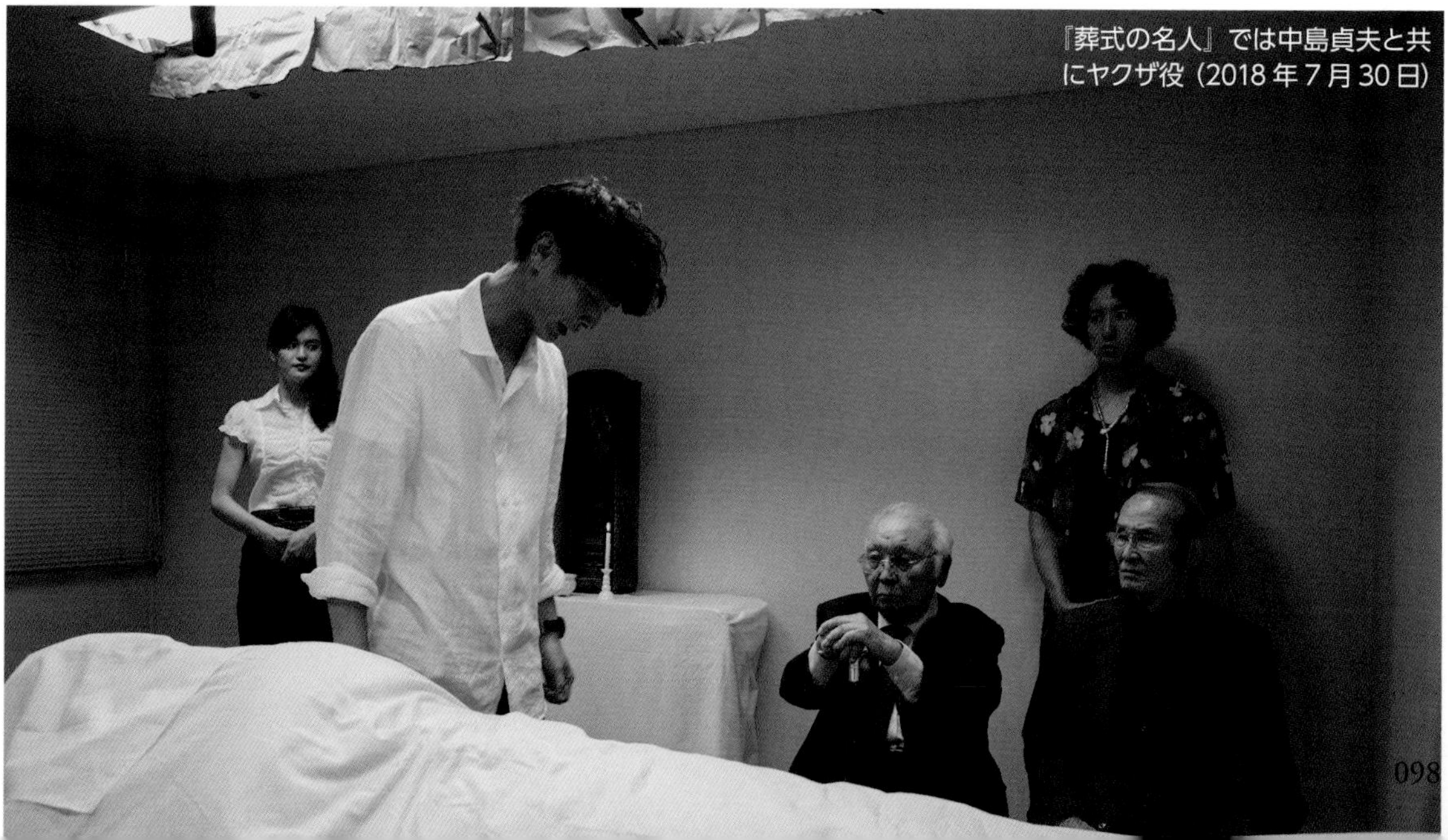

『葬式の名人』では中島貞夫と共にヤクザ役（2018 年 7 月 30 日）

京都市文化芸術表彰「きらめき賞」授賞式。京都市役所にて。前列左から、チャーリー・シストヴァリス（チャップリンの孫）、福本清三、門川大作京都市長、中島貞夫、筆者。後列左端は、西嶋勇倫（2014 年 9 月）

『時代劇は死なず ちゃんばら美学考』撮影時の一枚。中島貞夫監督を囲んで、東映剣会の仲間たちと（2015 年）

写真家・荒木経惟による福本清三。「男 アラーキーの裸ノ顔」『ダ・ヴィンチ』2015年5月号掲載（KADOKAWA）より。家族の希望で、福本の家族葬の際に遺影としても使われた

Scene 5

公開トーク〜
福本清三はなぜ「日本一の斬られ役」と
呼ばれるのか

5万回斬られた男・福本清三3回忌追善イベント　一日目

「福本清三先生が教えてくれた」

落合賢・山本千尋・多井一晃・中島ボイル
佐藤都輝子・鷲尾直彦
司会：大野裕之／門川大作・戸田信子・陣内一真
岡原伸幸

これは、2023年2月4〜5日に京都府立文化芸術会館にて、劇団とっても便利の企画でおこなわれた「5万回斬られた男・福本清三3回忌追善イベント」の記念トークを収録したものである。

1日目は、『太秦ライムライト』の落合賢監督、ヒロイン伊賀さつきを演じた山本千尋、野々村たけし役の多井一晃、天野達也役の中島ボイル、演技事務の中嶋洋子役の佐藤都輝子、鳴門助監督役の鷲尾直彦ら若いメンバーで福本先生の思い出を語り合った。プロデューサーで脚本の大野裕之が司会を務めた。終盤に、会場に駆けつけた門川大作京都市長（当時）、作曲の戸田信子・陣内一真、岡原伸幸らも登壇した。

『太秦ライムライト』の成り立ちを振り返る

大野　福本清三先生の主演作『太秦ライムライト』のプロデューサーで脚本の大野裕之です。先生がお亡くなりになって、早いものでまる2年が過ぎました。先生を失った悲しみは日に日に増すばかりです。でも、昨日は先生が生きておられたら80歳の誕生日でもありました。先生、誕生日おめでとうございます。（会場拍手）というわけで、盛大にお祝いをする気持ちで、今日は本当に久しぶりに『太秦ライムライト』を作ったメンバーが京都に集結しました。皆様拍手でお迎えください。（拍手）

落合　監督の落合賢です。先ほど作品を観ていたのですが、もう福本さんがでてきたところで涙が止まらなくなってしまって、今日のトークは感極まって泣きすぎないようにしっかりと福本先生との思い出をみなさんとお話ししたいです。今日はどうぞよろしくお願いします。

山本　こんにちは。伊賀さつき役の山本千尋です。福本さんがお亡くなりになってからはや2年。でも、こうやって今もまた作品を愛してくださる方が集まってくださったんだなととても嬉しく思います。監督はもう袖でじゅるじゅる泣いていたので、もし監督がまた泣き出したら私が今日はフォローしなければと思っています。どうぞよろしくお願いいたします。

多井　野々村たけし役の多井一晃です。福本さん3回忌で久しぶりにこうやって懐かしい方とお会いできて、またたくさんの方に来ていただけてとても嬉しいです。本日は短い時間ですが、よろしくお願いします。

佐藤　演技事務の中嶋洋子役、佐藤都輝子です。よろしくお願いいたします。

鷲尾　大きな声の助監督、鳴門泰之役を演じさせていただきました、鷲尾直彦と申します。今日はよろしくお願いいたします。

中島　映画の中では、みんなを裏切って東京に行った天野達也役を演じさせていただきました、中島ボイルです。本日はどうぞよろしくお願いいたします。

大野　楽屋で打ち合わせしようと言ってたのに、監督は映画観に行くわ、千尋さんはさっきの殺陣ショーを観に行くわで、順番に人がいなくなって…。

山本　そうなんです。後ろから殺陣ショーを見せていただきました。お客さんは剣会の方たちのショーに見入っていて、誰にも気づかれませんでした。私も久しぶりに見て感動しました。

大野　というわけで、打ち合わせはできなかったのですが、今日はざっくばらんに、福本先生の思い出を語ることができたらと思います。

その前に、ちょっと『太秦ライムライト』の成り立ちを振り返っておきましょう。

（ここで、福本の最も尊敬する俳優がチャップリンであること、岡原伸幸から『ライムライト』を太秦か浅草に置き換えて映画ができないかと相談されたこと等を話す。詳細は、SCENE3「製作日誌」参照）。

多井　僕は最初に岡原さんと大野さんが打ち合わせをした現場にいました。その時からとても面白いと思って、絶対実現してほしいと思いました。脚本も面白いし、福本さんにやってほしいと願っていました。この作品が実現しないということは想像していませんでしたね。

『太秦ライムライト』撮影中に。落合監督、福本清三、山本千尋

大野　企画が始まって以来、私は当時太秦で撮影されたほとんどの時代劇に仕出しで出していただき、毎週「水戸黄門」の撮影を見学して、脚本執筆のための取材をしました。また、私たち劇団とっても便利では、東映剣会の先生方をお招きして毎月「殺陣教室」を開催し、時代劇ミュージカル『信長とボク　ボクのママ』を一緒に作るなど、地道に活動を続けてきました。

実は、2011年頃に、一度撮影直前まで行ったんですが、その時は頓挫してしまった。改めて企画を進めるにあたり、落合監督にお願いしました。あれは2012年の夏でしたね。

落合　そうですね。もう10年年以上前のことになりますね。最初にお話をいただいた時から、この作品は素晴らしい作品になると確信していました。もちろん、福本先生のことは『ラスト サムライ』の「ボブ」役で知っていました。それで大野さんとお会いして、その後実際に福本先生とお会いした時、自分がこの作品をやっていいのかと不安になることもありました。確かに、僕はおじいちゃんと小さい頃時代劇をよく見ていたのですが、東映京都のことも時代劇にこともそんなに詳しくない自分が本当にやっていいのか、という不安です。

大野　僕がプロデューサーとして、落合監督にお願いした理由は、まさにそこです。落合監督はもちろん時代劇のご専門ではない。でも若い時からアメリカで映画を学ばれて、新しい感性、違った感性をお持ちです。この題材で作るときに、太秦にどっぷりつかった詳しい人にお願いするか、新しい角度で見せてくれる人にお願いするか考えました。で、落合監督にお願いすることに決めた。結果、この素晴らしい作品ができて本当に成功したと思っています。

落合　いや、すごいリスクだったと思いますよ。これは僕の長編二作目だったんですけど、あの「5万回斬られた男」と呼ばれる福本先生を主役の作品を、当時僕28歳、29歳の僕に撮らせるというのは、大野さん、どういう判断だったのかって僕は疑いたくなっちゃうぐらいです。（笑）

大野　いえ、私も短編をいくつか見せていただいて、本当に切れ味鋭い映像美とテーマの切り取り方がすごいと思いました。太秦の内部で作ってしまうと、重いウェットな話になるところを、落合監督ならエッジの効いた感じでやっていただけると思いましたし、想像していた以上のものにしていただきました。

落合　ありがとうございます。

落合監督と福本清三との出会い

大野　監督は、２０１２年12月に私たち劇団がやっていた殺陣教室に生徒として潜り込んで福本先生から殺陣のレッスンを受けましたね。

落合　自分が監督だということを伝えずに一人の生徒として。

大野　あれどうでした？

落合　やっぱり見ているのと自分で実際にやってみるのとは全然違って。斬られ役として斬られる演技の難しさはもちろんですが、映画の中の伊賀さつき役の最初のところで指導されているように、刀の切先が低くなりすぎて、それを上にあげなくてはいけないとか、また振りかぶったときに後ろに居る人にあてないように気をつけなければならないとか。そういう細かいことも少しずつ教えてもらったのが、今となってはすごく貴重な経験でした。

大野　うちの京都のスタジオでジャージになって一生懸命やってはりましたが、結構怒られてましたよね？

落合　そうなんですよ！　福本先生厳しい方で、僕は運動神経鈍いんで、足が絡まってしまって。いや本当に一生懸命やったんですけど。

大野　あの時僕は好感持ちましたよ。頑張って2時間稽古されて。ほんで、昼ごはんの時に監督だと名乗ったんです。

落合　その時、福本さんがええっ！とすごい驚いて、「すみませんでした！」と。「いえいえ謝らないでください」とか言ってて。

大野　その時、改めて『太秦ライムライト』で主演してくださいと。

落合　そうです。でも福本先生に、「あきまへん！あきまへん！って。いや自分が主役だなんてほんとあきまへんわ！」って言われて。今までたくさんの役者さんとお会いしましたが、自分が主演の作品をやりたくないって言う人に初めてお会いしましたよ（笑）。「みんなにお金出してもらって、損したら一生後悔する」「あきまへん！」ってずっとおっしゃっていて。冗談で言っているのかなと思ったんですけど、本気で断られているんですよ。

大野　だから俺「5万回断られた男」やったわけ（笑）。

中島　東映京都や殺陣教室などで福本先生にお会いするたびに、大野さんが「先生、映画に主演で出てください」とお願いして、福本先生が、「そんなわしが主演なんかはあかん。端役で出してくれ」と毎回毎回同じやり取りがあって。そばで見ているとそのうち面白くなってきましたよ（笑）。

大野　その後、撮影所の見学行きましたね。

落合　東映の太秦の撮影所を俳優の皆さんと一緒に回ってみるのが本当に新鮮で。

大野　太田役の木下通博さんにご案内いただきました。

落合　まだ東映の火事になる前の第一ステージがあった時でした。

大野　木下さんが剣会の皆さんを集めてくれて、大映通り商店街の居酒屋で飲み会を企画してくれましたね。柴田善行さんら剣会の先生方が、いろんなお話を聞かせてくれました。

落合　『太秦ライムライト』脚本は、剣会の皆さんにお話いただいた斬られ役の日常や、福本先生たちが経験されたこと、大野さんが経験されたことが元になっています。しかし、木下さん含め、剣会の方達はみんな結構べろんべろんに飲まれている中で福本先生だけは、全然下戸なんで飲まない。

大野　うん、一滴も飲まないですよ。

落合　ただ僕がびっくりしたのは、福本先生が『ラスト　サムライ』の「ボブ」のイメージがあるんで、寡黙な方かなと思ったら、かなり饒舌で、ストーリーテラーというか、お話がすごい上手なんですよね。

大野　面白い方ですよね。

主演とヒロインの決定

大野　それで、私たち二人でやり取りをして、脚本を完成させました。しかし、映画を作るためには資金が必要です。そんな時、今日もいらっしゃっている門川大作京都市長をはじめ京都市役所の皆様のお力添えをいただき、時代劇を愛する皆様のご寄付を賜り、お金のメドもつきました。そして、２０１３年7月に東映京都撮影所と話して、9月5日に撮影開始と決定した。そのタイミングで、満を持して7月8日に監督がわざわざロス・アンジェルスから来て、僕らふたりで撮影所に行きました。

落合　その辺りでしたかね。

大野　あの時俳優会館の一階で、福本さんと東映の西嶋さんと面会して、監督がアメリカからお菓子を持ってきはって、よろしくお願いしますとご挨拶したのです。僕はね、さすがにもう詰将棋に勝ったと思いましたよ。今まで5万回断られたけど、いよいよ撮影予定も出て、監督がアメリカから来てお願いしますって言うたらもうね。

落合　あーーはいはいはいはい。でも、福本さんがね、まだ…（笑）。

大野　先生が、「2、3日考えさせてくれ」って言うたんですよ。それまで、私も福本先生に映画への出演をお願いするたびに、「わしが主演なんて、アホなこと言ったらあきまへん」って言われ続けて、そのうち道端であるときばったりお会いした時に、「先生、おはようございます」って言うたら、「アホなこと言ったらあきまへん」って言われたんです。俺「おはよう」と言っただけやのに。僕は「500回アホと言われた男」ですよ（笑）。

落合　もう一点張りでしたよね。

大野　（ここで、数日後に電話をしたら、まだ「若い子主演で作ってくれ」と言われて大野が少し怒ってしまったこと、7月17日に福本の自宅近くでばったり会って話したこと、その翌日に出演が決定したこと等を話す。詳細は、SCENE3「製作日誌」参照）。

それでようやく主演が決まったということで、そこからやっとヒロインを探し始めるわけです。

落合　そうですね。ヒロイン探しが。これがまた長い話が（笑）。

大野　僕はそれも日付覚えているのですが、8月17日に別件で広島に講演に行く新幹線の中でメールを受け取りました。当時、松竹撮影所にいた榎望さんというプロデューサーから、「山本千尋さんはどうですか」って。当時山本さんは高校二年生で中国武術の世界チャンピオンになって。

山本　はい、はるか昔ですけど。

大野　テレビでも話題になっていましたね。アクションもできるし、神戸出身なので京都の言葉もできはるし、最高の人に巡り会えたと思いました。

落合　僕はまず「動ける女優」さん、しかも可能であれば新人の方に出てほしいと思っていました。まあビジネス的に考えたらやっぱり有名な人を使いたいわけですよ。アクションは吹き替えを使って。でも、それだったらやる意味がない。ちゃんとアクションができる人を見つけたいと言っていました。

ヒロインを演じた山本千尋

それで、何人か売れている女優さんにお会いしたのですが、実際に福本先生と殺陣師の清家先生に殺陣の稽古をつけてもらって見せてもらったら、30分ぐらい練習してある程度形になる人もいれば、全然ならない人もいて。もうすぐ撮影なのにこんなことで大丈夫かと不安でした。そんな時、千尋さんの動画を初めて見て驚きました。印象的だったのは、中国武術の棒術で、棒が回って何本にも見えるような、そんな素晴らしいアクションでした。それで是非お会いしたいということで、千尋さんに来ていただきました。

大野　舞台の本番が終わったあと、すぐに京都においでいただいて。

山本　舞台をしていたんでしたっけ？　でも、私はお芝居がほぼ初めてみたいな状態でした。何も知らない状態で、よく行ったなって後から思いました。当時、太秦の字も読めなくて、「ふと？　何？」みたいなくらいの。私が5万回斬られた方が良いぐらい本当に情けない状態で行ったんですけれども、よく生きて帰れましたよね。

大野　いやいやよくぞ来てくれましたよ、本当に。あれが初めての映画撮影でしょ？

落合　すごい緊張していましたね。普通の女子校生が来たな、という感じがして。オーディションに来た女優の方に企画について説明することなんてまずないんですけど、千尋さんにとっては全てが初めてだったので、企画から説明しましたね。で、お芝居をやってもらった後に、殺陣を見せてもらった。あの時の千尋さんの目力を今でも覚えていますね。あぁ、もうこの人じゃないとこの作品うまくいかないなあと決心しました。

大野　本当にそうでしたね。オーディションで印象的だったことは？

山本　当時何にもわかっていなくて、衣裳合わせの日にネイルやイヤリングをしていったので、初日から助監督さんに、「あんたぁ時代劇舐めてんのかぁ」って怒られました（笑）。

落合　でも知らないからしょうがないですよね。

山本　セリフを読ませていただいた時、ほんと頭真っ白になってしまい、このままじゃオーディションに落ちると思いました。その後、道場でちょっと動きを見せてって言われた時に、ここで頑張らないと、と意気込んだのを覚えています。その時の立ち回りの相手をしてくださったのが、お亡くなりになった木下さんで、「このおじさんこわぁい」って思ったのですが、みなさん本当に優しくしてくださいました。太秦とか剣会の方って怖いイメージを持たれる方が多いんですけども、真逆で皆さん本当に優しくて。今も、逆ホームシック、「太秦に帰りたい」って思っちゃうぐらいです。今日も久しぶりに集まるとそういう温かさをまた感じます。

大野　木下さんには制作中に何回も励まされて、おかげで頑張れました。映画ができた時もすごく喜んでくれた。改めて感謝したいと思います。

撮影の思い出　謙虚な福本先生

大野　それで予定より1日遅れて9月6日から撮影がいよいよ始まりました。監督の撮影時の思い出は？

落合　いっぱいあるので、お酒飲みながらゆっくり朝まで語りたいですね。やっぱり、真っ先に思い出すのは福本先生の現場での姿勢、謙虚さですね。絶対に人の前は通らない。主演なので、カメラの前の目立つところを歩いてくださいと言っても、人の後ろを通る。カメラの前に立ってくださいって言った時も、カメラの隅っこの方に立っちゃうんですよ。

中島　そういえば、あるシーンで、そんな真ん中で映りたくないとおっしゃって、「先生は主役やから、ここは映らなければ映画が成り立ちませんから、お願いします」と大野さんが必死で説得していたのを思い出しますね。

落合　あと、河原で暑い中、死体になって寝っ転がるシーンがあるのですが、福本さんが本当に不平を仰らないで暑い中でもじっと我慢なさるのです。主演の方がその現場のトーンを決めるので、主演が河原で寝てたらほかの人も同じように我慢しなければならない。だから、福本さん涼しいところで休んでくださいと言うのですが、「大丈夫です」って断っちゃうので、他の役者さんも暑い中動けないということもありました。

山本　福本さん、現場に入るのがすごい早いじゃないですか。メイクの支度も早くて。私はやっぱり新人だったので、もちろん福本さんより先に入らないといけないんですけど、あまりに福本さんが早いから毎回アナウンスで、「山本千尋さんメイク室に来てください」って怒られるように言われて、「ええ、もう福本さん入ってるの！」と焦っていました。そんな姿を最初の現場で見たからこそ、その後、どの現場でも思い出して、少しでも早く入らないと、という気持ちになります。本当にお手本のような姿を見せてくださったなと思っています。

大野　密着取材のカメラが、座っている福本さんを後ろから撮影していたんです。それに気づいた福本さんがカメラの邪魔にならないように退いたんです。いや、先生、あなたを撮影してるんですよって。先生は、「なんか知らんけどついて来よんねん」と言って、「いや、先生の密着取材なんやから当たり前です」（笑）。

　時代劇ミュージカルの舞台作った時もそうでした。福本さんがトメ（座組の重鎮で、ポスターで最後に名前が書かれる）で、カーテンコールでは、最後から二番目にお一人で出てきて拍手をもらうわけです。そやのに福本さんが一人で出るのが嫌やって言わはった。先生、トメやから一人で出なあかんねん。スターなんやから。でも、「わしは一人は嫌や」と、そばにいた全然関係ない若いアンサンブルの女優さん二人に「あんたも一緒に出てくれ」って3人で出てきたんですよ（笑）。言われた二人も困惑していて、なんでその3人が一緒に出てきて挨拶しているのか、意味がわからん（笑）。

落合　本当に謙虚なんですよね。そんな話がいっぱいありますね。

山本　福本さんの「どこかで誰かが見ていてくれる」という台詞を言うのを、撮影の時もずっと渋っていましたよね。忘れたふりをして、「なんやったっけなぁ」とかおっしゃって。

大野　ご自分の言葉やのにね。

山本　「言いたくない」と。

落合　撮影直前になっても、「山本千尋さんを主役で最初から最後まで伊賀さつきを前面に出すような作品にしてくれ」とおっしゃったり。

多井　でも、先生は台詞が苦手で主役を断っていたと聞いていたのですが、撮影が始まれば、主役だと気負うわけでもなく、ただただ素晴らしい演技でした。長い台詞は初めて聞かせていただいたのですが、時代劇独特の台詞回しでもなく、とても自然で、福本さんらしい芝居をしていたのがすごいと思いました。そこに香美山として存在していたのです。どんな気持ちで演じておられたのか気になります。謙虚な面ということで言うと、『太秦ライムライト』の後も、まったく変わることなく、一人の斬られ役として仕事を続けられたこと、何も変わらなかったことがとても印象的でした。

中島　あれだけ長いこと映画に携わっている方が、僕らのような若手にも、新人にも、そして長年の仲間にも全く同じように接しておられましたね。本当に、人間としても俳優としても、「こういう人になりたい」と憧れていました。口だけで「感謝が大切」とか言う人は多いのですが、福本先生はほんまに謙虚な方でしたね。俳優会館で会った時も、いつも深々とお辞儀して「お元気ですか」と。僕のことだけやなくて、「劇団員の皆さんはどうされていますか？」とお気遣いいただき、ずっと応援してくれて嬉しかったです。

鷲尾　『太秦ライムライト』の撮影の時、ご自身の出番がない時も、出演者一人一人にご挨拶されていました。小林稔侍さんの撮影の時は、福本先生は完全オフやったのに、ずっと現場にいらっしゃいましたね。夜遅くに僕が出番を終えて俳優会館に戻ると、入り口にいらっしゃったので、びっくりしました。やっぱり剣会の俳優さんの中には厳しい方も多く、またそうあるべきなのですが、福本先生は威圧感がまったくない方で、とても周りに気を使われ、誰に対しても腰が低い方でした。

佐藤　先生方は普段は優しい方なんですけれども、殺陣教室になると、監督もおっしゃっていたようにとても厳しくビシッとされる。すごい緊張感。甘えを許してくれない真摯な姿。殺陣にかける真剣な思いがとても印象に残っています。

中島　「もっとこうした方がいいよ」と言葉は少ないのですが、的確に指導してくださいましたね。

大野　時代劇ミュージカルを剣会さんと一緒に作った時、鷲尾君が男性陣の主演でしたね。

鷲尾　そうです。福本さんはじめ、木下さん剣会のみなさんに出演していただいた舞台を、光栄なことに一緒に作ることができました。福本先生は台詞を言うのが嫌で、最初は照れて早口になっていたのが思い出されます。劇の終盤で、福本さんが僕の目の前で斬られて得意の海老反りを披露するクライマックスがありました。僕は毎回特等席で福本さんの海老反りを見ていたことになります。千秋楽の公演の時は、海老反りがすごすぎて、福本さんの足にご自身の後頭部がついて、本当に完全なる円になっていました（笑）。

佐藤　あの舞台の時、福本先生が普段なさっている時代劇とは違うミュージカルということで、とても私たちのことを尊重してくださっている印象を受けました。何十年も芝居をなさっている大先輩なのに、とても丁寧にご挨拶してくれて、ミュージカルのやり方をリスペクトしてくれたのです。剣会の皆さんは、「あのシーン好きや」「ときちゃんの歌ええな」と盛り上げてくれましたね。「私、人見知りなんです」と言うと、木下さんが「人見知りの顔しとるわ」と言ってくれた、あの一言で救われて、楽しく交流させていただいたのもいい思い出です。

多井一晃

中島　僕は、福本清三先生に関しては、その「お姿」が印象に残っています。撮影現場でも映像の中でも、お着物の姿、スーツ姿、どんな姿でもカッコいいんですね。『太秦ライムライト』では、上半身を脱いでいる姿もありますが、本当に無駄のない筋肉、あの細いお体で一体どこにあんなエネルギーがあるのかと。で、カットがかかるとオーラを消して、監督もおっしゃっていたように端の方で静かにされていらっしゃる。でも、撮影で刀を持たれた瞬間、お体の輪郭がものすごくはっきりとなって、たくましいお姿になる。あの、かっこいい姿が、やっぱり撮影現場ですごく印象に残っています。

大野　そう。それに絶対しんどいとおっしゃらない。『太秦ライムライト』のラス立ちの海老反りって、9月25日の夜中の一時に撮ったんですよ。

落合　そうでしたっけ。粘りに粘って。

大野　淡路島でロケをした幻の子供を追いかけるシーンでも3回走ってもらいました。

落合　撮影時、70歳ですよね。西嶋さんにもなるべく海老反りは体力的につらいことなので回数は少なくしてくれと言われていたのですが。

大野　でもご本人が、いつも全力でおやりになる。そこで思い出すのが、海老反りの撮影した後、斬られた時の断末魔の声だけを別に録音した時があった。「うわー」って斬られた声だけを録音するんです。で、いざ録音する時になると、先生は声だけやなくて、そこでも海老反りをやるんです。反った方向にマイクが追いかけていかなあかん（笑）。声を撮るだけなんですけどやっぱり反らなあかんねん。

好きなシーン

大野　監督、『太秦ライムライト』の好きなシーンはどこですか？

落合　いやもう本当にいっぱいあって数え切れないんですけど、やっぱり思い出に残っているのは千尋さんと福本さんとのシーンです。さつきが何回もテイクを撮り直して、泣いてしまうシーンで、なかなか気持ちが作れなかった。まあ緊張すると泣こうと思っても涙はでないものなんですよね。その時に何回も千尋さんとお話をしたのがすごく思い出に残っています。

大野　あの日、時間かかって、9時間押しでしたね。すごい覚えてる。

山本　不思議なことにそのシーンで泣けないのに、じゃあもうこれでOKって言われた瞬間にもう滝のように涙が出てくるんですよ。お芝居って本当に難しいなあと痛感しました。

落合　あとは、多井君に聞きたいなと思っていたんですけど、嵐電のシーンも結構何テイクも撮りましたよね。福本さんと若者が何度もやり直したことが印象に残っています。あのシーン、どうでした？

多井　何テイクも撮ったのはおそらく僕側に原因があると思っています。福本さんはずっと素晴らしい演技していました。僕がうまくできなかったから何テイクもやり直させてしまったのですが、福本さんは何も言わずに僕の演技に付き合ってくれて、本当に助けられっぱなしでした。

大野　いい演技になりましたね。あそこはいいシーンになったよね。

多井　そうですね。本当に。

大野　あれは福本さんも何も文句言わんかったけど、嵐電も何も文句言わんかった（笑）。帷子ノ辻駅に撮影のためだけに用意してくれて、監督がレトロ車両がほしいと言ったらその通りにしてくださった。

落合　何回も行ったり来たりしてもらいましたね。

大野　10回やり直しましたよ。山本さんは？

山本　私はやっぱり松方さんと福本さんのラス立ちが好きです。松方さんも天国に行かれてしまいましたけど。当時17歳だったので叶いませんでしたが、もう成人したのでご健在なら松方さんとお酒飲めたのになあ。大スターなので、私の名前なんて覚えてもらえないと思ったんですけど、私がラス立ちをした時にボソッと、「やるじゃねぇか17歳」って言われて、もうその言葉がとっても嬉しくて。いつか名前覚えてもらえるように頑張らないといけないけど、その時はもう「17歳」と呼ばれただけでいいやって思いました。テストの時は、松方さんは力を抜いて刀を合わせるだけなんですよね。でも、長年ご一緒されている剣会の方たちは「お兄ちゃん（松方弘樹）は本番になったらすごい」っておっしゃっていた。そしたら、本番ってなった瞬間のあの変わりよう！　剣会の方たちとの阿吽の呼吸がもう素晴らしくて今でも目に焼き付いています。福本さんとの一騎打ちの画も綺麗で。松方さんの摺り足とか。そこは、自分の出番じゃなかったんですけど、張り付いて見ていました。

ラス立ちの前に、福本さんが松方さんに「旦那、怖気づいた気づいたんでっか。えろう鈍りましたな」という台詞があったのですが、やっぱり福本さんの謙虚さでその台詞が言えなかったんですよね。そしたら松方さんがボソッと「殺しゃしねぇよ」と福本さんにおっしゃったのを覚えています。

大野　あのシーンは19回撮り直ししましたね。

山本　すごい明確に全部覚えているんですね。

大野　（ここで、福本と清家からその台詞をカットするように要請されたことを語る。詳細は、SCENE3「製作日誌」参照）

鷲尾　その、19回NGを重ねられた台詞なんですが、その後の台詞が僕のセリフだったんです。僕がここで噛んだら死んでしまうと思いました（笑）。

大野　あんたが死ぬとこやった。

鷲尾　本当にすごい緊張感でしたね、あの撮影は。

大野　誰も鷲尾君に注目してないのに（笑）。

鷲尾　一人で緊張してたんです。自分でぶち壊したらどうしようかと（笑）。

大野　あの19回の間、松方さんもなぜ福本さんが言えないのかわかっているから、「おい、どうしたんだよ、同級生」とか冗談ぽく言って励まして。思い出しても泣けてきますよ、二人の友情に。

落合　ほんとの兄弟みたいな。一歳違いなんですよね。福本先生から聞いたお話ですけど、15歳で東映に入って斬られ役になれば三食ご飯が食べられる、大変な辛いことをすればするほどいい役がもらえる、もうここは天国だと思ってやっていらしたそうです。そんな時、初めて松方さんに、斬られ役の大部屋の人たち全員が連れられてお肉を食べさせてもらったことを今でも覚えているとおっしゃっていました。そんな背景から出てこられた方なんだなと強く感じました。

大野　多井君は？

多井　千尋さんとかぶっちゃいますけど、やっぱラス立ちのところは好きですね。僕も一応出ていたんですよ。一手だけ松方さんに斬りかかる手がありました。その一手が下手くそなんで松方さんに「遅い！」ってめっちゃ怒られました。めちゃくちゃ怖くて、震え上がって「はぃい、すみません！」って謝ったら、17歳の千尋ちゃんが「多井さんめっちゃ面白い顔してますね」って。その時、僕必死で「はいっ！」とか言ってるのに、17歳の女子高生に馬鹿にされて（笑）。

山本 そんなこと言いました？ 失礼しました。

多井 めちゃくちゃ覚えています。

大野 それ別に好きなシーンとかじゃないやん。

多井 でも、シーンとしては、本当にラストシーンは好きです。あと、やっぱ淡路島で撮影した故郷で幻の子供たちが出てくるシーンは好きですね。

佐藤 あの故郷のシーンは、何回見ても泣いてしまいます。最高ですね。あのシーンのために映画があると言っても過言ではないと思うほどです。

大野 福本先生ご自身も、あそこが一番好きだったそうです。

佐藤 あと、楽屋で去っていく若者に「おちゅかれ」と声をかける演技。悲哀がにじんだあのお声に、何度見ても泣かされます。それと、撮影所に先生方が居並んで歩いて行かれるシーン。撮影所を下から支えてこられた方々が肩で風を切って歩く。あそこが本当に好きで、懐かしいことたくさん思い出しますね。私たちは、自分の撮影がなくても見学させていただいていました。撮影の邪魔にならないように隅っこで。立ち回りのシーンも、どんなふうに先生方が撮影をされているのかをずっと見ていました。どの撮影も見逃してはいけないというプレッシャーを感じながら。今も目に焼き付いています。私は演技事務の役でしたが、撮影前に半日間、実際に演技課の机に座って、仕事を体験させていただきました。その時、俳優の札への見方が変わりました。役者の人生を左右する大切な仕事だということがわかりましたね。あの部屋にいると、俳優さんのいろんな面が見えてきます。全部見た上で、キャスティングしているのだということが実感されました。

「演技事務」を演じる佐藤都輝子

鷲尾 僕は冒頭の栗塚旭さんのシーンです。かっこええー。福本さんを斬った後、ハケてこられる栗塚さんの腰から大小の刀を、助監督役として僕が頂く演技があって、あれも緊張しました。

中島 僕は、自分が演じる天野が東京から戻って来た時に、福本さん演じる香美山の後姿に悪態をつくシーンです。撮影したのは、実際に俳優が行き来する俳優会館。そんな場所で、香美山さんが何とも言えない寂しい背中で、天野のセリフを聞いてらっしゃる感じが哀しくて、カットかかった後にすぐ福本さんにすみませんでしたと思わず言ってしまいました。福本さんは笑顔で答えてくださいましたが。あと、香美山が夜に撮影所を出て行かれるシーンのお姿も、とても印象に残っています。

『太秦ライムライト』とその後

大野 その後、2013年9月26日の夜に撮影はクランクアップとなります。先生に僕が花束を渡して、「いよいよクランクアップですね」って言ったら、先生の第一声が「あ？お蔵入りや」って（笑）。

落合 あぁ言ってましたね（笑）。

大野 お蔵入りしなかったんです！ 公開されて、本当にありがたいことに多くのお客様に来て頂いて、そして国内外で13個の賞をいただいて。福本先生はカナダのファンタジア国際映画祭主演男優賞を受賞されました。（拍手）

ところが、僕がその晩受賞のお祝いの電話をしたら、奥さんが出て、「福本は今ウォーキングに出ています」って。これが福本さんなんです。受賞の日ぐらいは、お寿司でも取ってお祝いすればいいのに、その日もトレーニングをするのが、福本先生が福本先生たるゆえんなんですね。

この作品は多方面から評価を得ましたが、今、監督にとってどういう作品でしょうか？

落合 何て言うんですかね。僕がちょっとこんなこと言うのはおこがましいですけど、すごく自分と「さつき」とが重なる部分がありました。福本先生がいて、京都のスタッフがいて、松方さん含めキャストの皆さんが先生になってくれて、自分が映画の中のさつきのように少しずつ時代劇のことや京都のこと、映画のことを学んでいった気がします。実は、その前に『タイガーマスク』（2013年）という作品で大コケしたんで、この作品があったおかげで次の作品もあった。もしかしたらこの作品に巡り会えなかった、自分の映画監督人生は『タイガーマスク』の大コケで終わっていたかもしれない。もう一度、映画を作ることの楽しさを教えてくれた作品なんじゃないかなと思っています。

大野　ヒロインとっては？

山本　なんかもう言葉にならないぐらいです。当時、自分が「演じている」ふうには感じていませんでした。もしかしたら福本さんも剣会の方たちもそうだったのかもしれませんが、みんながご自身に重ねていた映画だったと思うんですね。そういう映画ってやっぱりなかなか生まれないですよね。今は、福本さん、松方さん、木下さんら、もうお会いできない存在になってしまいましたが、残してくださったことが本当にたくさんあって、やっぱり次は自分たちがつないで行く番だなって、17歳の時からそのことを忘れた日はありません。まだいい報告がなかなかできていない自分がいますが、福本さんに頑張ってるねって言ってもらえるように生きて行きたいと思っております。

大野　去年の大河ドラマ『鎌倉殿の13人』のお役も、『太秦ライムライト』に通じるお役でしたね。

山本　元々三谷幸喜さんは『太秦ライムライト』も福本さんのこともすごく好きとおっしゃっていて、大河ドラマでは善児という殺し屋の弟子だったんですが、三谷さんも『太秦ライムライト』と被せているとこがあるんじゃないかな、とか勝手に思っていました。やっぱりたくさんの人の心に残っている映画なんだってことをどの現場でも感じることが多いです。

大野　その後、千尋さんはご活躍されていますよね。

落合　千尋さんのインスタを見てると、「この作品にも出演！　えぇこの作品にも⁉」と、自分のことのように嬉しく思います。ただ、僕が言うのもなんですけど、千尋さんが最初にいい作品に巡り合えたことが嬉しいですね。ただ、最初は運の部分もあると思うんですが、そこからきちんと積み上げていくのはもう生半可な努力じゃないですし、才能だと思います。「新人のヒロイン作品」は、だいたい一年に20本くらいあります。その中から、十年後にしっかりとやっているのは難しいし、それは才能と努力の賜物だと思います。

山本　福本さんが導いてくれている感じがします。『太秦ライムライト』に出会えたこと、そして、大河の現場などでも福本さんのお話が出ると全部福本さんが導いてくれたのかなっていう感覚になります。松方さんたちと天国でチャンバラしながら見守ってくれているんじゃないかななんて思いながら。（登壇者たちの目に涙が浮かぶ）。みんなぐじゅぐじゅ言わないで〜。私も泣いちゃうから（涙声で）。

実は、先生がお亡くなりになってから、『太秦ライムライト』がどうしても観られなくて。今日も控え室で、映画の音声が聞こえてきました。福本さんが「頑張りや」っておっしゃってくれるシーンです。でも、まだ自分が本当にちゃんと頑張れているとは思えなくて。全然正面を見られなくて。お亡くなりになってから観ようと思ってDVD入れたんですけど、やっぱり見る勇気がなかなか出なくてもう二年も経ってしまいました。いつか、ちょっとお酒でも飲みながら『太秦ライムライト』を観られる日が来るといいなって。そのために頑張りたいです。

大野　福本さんから貰った言葉といえば、確か多井君も最後に福本さんにお会いして、言葉をかけられたのはここ（京都府立文化芸術会館）なんですよね。

多井　そうなんです。僕、実は5年前ぐらい前に一回役者やめようと思っていました。当時もう仕事が全くなくなって、やめようと思って東京に逃げて行って、2年間全然関係ない仕事やっていました。その時、ちょうどこの劇場で劇団の公演がありまして、まあ劇団の公演ぐらい手伝おうかと思って、5年前にここで受付をやっていたんですよ。そしたら福本さんが公演を見に来てくれました。僕は映画でとてもお世話になっていたので、お会いした時は少し気まずく感じました。先生は、「何やってんのや、公演に出なあかんで。さては、役選んでんのやろ」っていつもの感じで笑顔で言ってくれたんです。僕は「ああすいません」としか言えなかったんですけど。それが最後に福本さんにお会いした機会になりました。当時、僕は役者をやめるって言うたり、でもどうしようかなと迷ったりしていた時に、福本さんにそのタイミングで背中を押してもらえたような気がして。もう一度役者で頑張ろうと思って復帰して、今ぼちぼち役者活動できている状態なので、撮影の時から亡くなった今に至るまで、ずっと本当にお世話になりっぱなしだなと思っています。

大野　先生は本当にいろんな人に勇気を与えてくれましたね。『太秦ライムライト』公開の1年後にご病気が見つかってからも、治療しながらお仕事を続けて、最後の撮影は２０２０年８月の時代劇でした。翌年のお正月に次の現場に旅立たれました。本当に最後まで斬られ役を貫いて、最高の役者人生を全うされました。改めて福本先生に大きな拍手をお願いいたします。（拍手）

しかし、こんなこと言ってもしょうがないですけど、斬られ役ができなくなってもいい、もう少し長生きして欲しかったですけどね。それは本当にそう思います。もっといろんな話が聞きたかった。でも、素晴らしい俳優はスクリーンの中でずっと生き続ける。私たちも『太秦ライムライト』をみんなで一緒に作って一緒に見ることができて、それは本当に嬉しいことです。

落合　今「素晴らしい俳優」と言われましたが、多少の誤解を承知で言いますけど、福本先生を努力の人だと思う方もいらっしゃると思うんですが、僕は実はそうは思っていません。だって、太秦で努力をしてない人いないから。そんな中で、やっぱり福本さんが残って、これだけ注目を浴びていると言うのは、先生の人格や努力はもちろんありますけど、やっぱり役者としての才能なんじゃないかなと思っています。

大野　本当にその通りだと思います。

福本清三の遺志を継ぐこと

大野　さて、今日はここに、当時お力添えいただいたメンバーが来てくれています。まず門川大作京都市長、素晴らしい音楽を作ってくださった戸田信子さんと陣内一真さん、そして岡原さんどうぞ壇上へおいでください。ぜひ一言ずつ頂戴できれば。

門川　改めて福本清三さん、本当に寂しいですね。同時に、福本清三さんが活躍された太秦の時代劇、あれから十年経ってなお厳しい状況です。大野さんまた時代劇を作ってください。よろしゅう頼みますわ。京都の映画文化を盛り上げていきたい。福本清三さんの遺志を継いで、また多くの映画関係者の心をつないでいきたいと思っています。どうぞよろしくお願いします。

戸田　音楽を担当させていただきました、戸田信子です。お話をいただいた時、「この映画に本当に音楽は必要なのか」と思ったのですが、やはり一度現場を見なければこの作品の音楽を作ることはできないと思って、撮影中に太秦まで来まして、福本さんにもお会いしていろいろ会話をさせていただきました。その中で、福本さんの殺陣の素晴らしさを感じ、「そこには何か独特なリズムがありますね」とお話をしましたら、「もうそんなもんはありません」と。「好き勝手やっているだけです」とおっしゃっていて、素晴らしく謙虚な方でした。そうして、福本さんのお人柄に触れて、殺陣を拝見した上で、テーマ曲を書き直し、あらかじめつけていた音楽も全部取り払い、福本さんの呼吸に合わせた音楽一つ一つを丁寧に作ったのを思い出しました。今日は皆さんにお会いできて光栄です。ありがとうございます。

中島ボイル

陣内　同じく音楽を担当させていただいた陣内と申します。僕はシアトルに住んでいますので、福本さんのお姿はスクリーンを通してずっと作業中に見せていただきました。いつも福本さんのリズムを感じながら、音楽を作っていたのをよく覚えております。皆さんの呼吸が音楽のヒントになったので、すごく一体感のある制作をさせていただいたのがとても印象的でした。今日観たのは8年ぶりだったんですけども、すごく力のある作品だなと改めて思います。こうして息の長い上映が続いているのを大変嬉しく思います。今日はありがとうございました。

岡原　末端のスタッフで場違いではあるんですが、言い出しっぺの岡原と申します。たかだか30年この業界でやっている人間が生意気なんですが、一つだけ言わせていただきたいことがあります。それは、「福本さんイコール斬られ役」となっていますが、それもさることながら福本さんは台本に対しての咀嚼の仕方、本の読み込み方が素晴らしい、ということです。おそらく岡原がこれまで見てきた俳優諸氏の中では、三本の指に入る咀嚼力を持つ俳優さんが福本さんです。岡原は、子供の頃にチャップリンさんの『ライムライト』をテレビで見て、あるシーンのチャップリンさんの目が忘れられなくなりました。この業界に入ってから、あの目を再現できる方と出逢えたら、『ライムライト』のような企画を出してみたいと思いました。福本さんと何度もご一緒するチャンスが出来、福本さんの目を見て「チャップリンさんの演技を再現できるのはこの方しかいない」と思い、『太秦ライムライト』をやって頂きたいとお願いしました。ぜひ福本さんの「台本の表現力」を見てください…と言ったら失礼なんですけども、その事も皆様の頭に置いていただけると非常にうれしいです。

本日はどうもありがとうございました。

大野　最後になりますが、一言ずつ。どうぞ監督から。

落合　僕は中学校一年生の頃から映画を作り続けてきて20年経つんですけど、自分にとって映画とは、柱につける自分の背の高さの傷、自分の背丈だと思っています。可能であればどんどん成長して行きたい。でも、この作品は本当に僕にとって自分の背丈以上の作品になった作品だと思っていて、28、29歳の僕が福本先生含め、ここにいらっしゃる方々、多くのスタッフの方たちに支えられてこの作品ができたので、この作品は僕の作品ではなく本当に大きなうねりになりご縁を生んだ作品だと思っています。萬田久子さんが演じる美鶴が福本さんに「ええ役者さんにならはったな」と言うセリフありますが、あの重みは福本さんが十代の頃から積み上げてきたことなので、いつか福本さんにまたお会いできたときに「ええ監督さんにならはったな」って言ってもらえるように、一から精進してまた京都に戻っていきたいと思いますので、今後ともどうぞよろしくお願いします。今日はどうもありがとうございました。

山本　最後に福本さんにお会いしたのは、ちょうど太秦で自分の初主演映画を撮っている時でした。丸一日アクションシーンの日に、演技事務の西嶋さんと一緒に浪人の格好で会いに来てくださいました。その日は海外から映画村に体験をする方たちがいらっしゃる日だったとのことで、私からすると大スターの福本さんがいつも通りのお仕事をされていつも通りの浪人のお姿で来て、「千尋ちゃん頑張りや」って声をかけてくださったんです。そういえば、ロス・アンジェルスに留学する前最後に電話したのが松方さんでした。その時も「若いんだから頑張りや」って言われました。頑張るから見ていてください。「どこかで誰かが見ていてくれる」という言葉は、私にとって本当に大切な言葉です。またみなさんにいい報告ができるように、福本さんに喜んでもらえるように頑張りたいと思います。今日は本当にありがとうございました。

鷲尾直彦

多井　今日は僕も知らなかった話がいっぱい聞けて楽しかったです。僕らみたいな者はそんなに大きい役がなかったり、本当にカメラの端で映るようなところで出演させてもらうことが多いです。そんな時、福本さんのことや、「どこかで誰かが見ていてくれる」という言葉を思い出して、一生懸命やってみます。すると、例えば衣装さんとかが、「君、あそこで名演技してたな」って言ってくれるんですよね。あの言葉をずっと肝に銘じてこれからもやっていこうと思っています。今日は、皆さんすごくたくさん来てくれて、『太秦ライムライト』を上映する度に来てくれる方もいて、とても嬉しく思っています。またこういう機会があれば、ぜひまたみんなで映画観て、いろいろしゃべりながら楽しく過ごせたらなと思います。本日はありがとうございました。

佐藤　監督にも千尋さんにもお会いするの本当に久しぶりなんですけど、そんな感じが全然しませんね。この映画は、そして撮影の時の出来事は、私の人生の中ですごくキラキラ輝いて大きな思い出だと今日また痛感しました。そういえば、福本さんが最後に私たちの劇団公演に来てくれた時も、「頑張りや」と声をかけてくれました。そう、先生は、いつも「頑張りや」と言ってくれました。その言葉を胸に、また頑張っていきたいと思います。本日はありがとうございました。

鷲尾　今日舞台上から皆さんと一緒にこの空間を共有させていただいて、ずっと感情の毛穴が開いていっているような感じがします。明日もここ府立文化芸術会館で福本さんを囲んでお話しして、東映剣会の皆様もステージを披露してくださいます。お時間ございましたら明日もどうぞよろしくお願いいたします。

中島　ずっと僕なんかが言うのはおこがましいと思っていたんですけど、やっぱり福本さんや東映剣会のみなさんとこの映画を作った現場に携わらせていただいた一人として、責任を持って時代劇を紡いでいきたい、これからも残していけるように、一人の俳優として頑張っていきたいと思っております。今後ともどうぞよろしくお願いいたします。

大野　本当にお名残り惜しいんですけれども、この辺でお開きとなります。未来を向いてまた新しい時代劇をまたこのメンバーで集まって作れたら本当に素晴らしいと思っております。本日はどうもありがとうございました。（拍手）

5万回斬られた男・福本清三3回忌追善イベント　二日目

「福ボン、安らかに」

中島貞夫・栗塚旭・峰蘭太郎・多井一晃・鷲尾直彦　司会：大野裕之

前節に引き続き、2023年2月5日に京都府立文化芸術会館にて、劇団とっても便利の企画でおこなわれた「5万回斬られた男・福本清三3回忌追善イベント」の2日目の記念トークを掲載する。これは中島貞夫監督の生前最後の講演となった。

中島監督のほか、『新撰組血風録』（1965〜6年）で土方歳三を演じて一世を風靡した栗塚旭、東映京都を中心に活躍する俳優の峰蘭太郎、福本清三に殺陣の手ほどきを受けた若手俳優の多井一晃・鷲尾直彦が登壇。途中で、福本清三のご家族である橋本雅子さん、清美さんが飛び入りするというハプニングもあった。そんな点も含めて、京都映画界の今を感じてもらえることと思う。福本清三をめぐって語り合う中で、話題は東映京都撮影所の時代劇の歴史、映画とテレビの違い、演出論へと広がっていった。

時代劇の新しい波

大野　福本清三先生の主演作『太秦ライムライト』のプロデューサーで脚本を担当しました大野裕之です。昨日に引き続き、先生を偲び、同時に時代劇の未来に向けてお話がしたいと思っております。では、まず中島貞夫監督から。

中島　いやあ、もう2年経つのか。福ボン（福本清三）とは、歳は若干僕のほうが上でございますけれども、東映で仕事を始めた時期が近い間柄でございました。当時は、東映京都の映画が時代劇から現代劇へと移り始めた頃。そんな中でも、福ボンは、「変なやつがいるなぁ」という存在感を見せ始めていました。変わったやつ、不思議な雰囲気を持っているやつがいるな、と。彼の存在は、時代劇における体の扱い方だけではなくて、現代劇でのふとした表情、そういったところでも当時の東映の演技に新しい風を入れてくれました。そのことは、皆さんはあまりおっしゃってないことだと思います。私が監督になった頃と、福ボンもその存在が知れた時期、「福本清三がいるぞ」とその存在を知らしめた時期とは重なっていました。そういう意味で、他の俳優の存在もさることながら、福ボンの存在というのは僕の監督生活の中でもエポックであったし、大きかったといってもよろしいかと思います。
　こんにち彼はいません。いないけれども、彼は存在します。ということで、一夕、福ボンについて皆さんとお話しができるということが楽しみでございます。

栗塚　私は昭和39年に、東映で初めて仕事をさせていただいたんですが、その時すでに福本さんは、斬られ役としていつも現場にいらして、つたない私を応援してくれて、こうした方がいいよとアドバイスをしてくれていました。僕より7つも下の福ちゃんが、先になくなるなんて。昨年は先ほどここで殺陣を演じられた東映剣会が創立70周年ということで素晴らしい祝祭が催されましたが、もし福本さんがお元気でいられたら、あの舞台をもっと華やかに飾ってくれたのではないかなと思いましたね。

峰　福本先生のお人柄を少しでもお伝えできるようなお話がしたいと楽しみにして参りました。短い時間ですが先生を偲んでどうかよろしくお願いいたします。

多井　こんな大先輩の方々の横に僕なんかが座っているのは恐縮なんですが、今日は先生のお話をたくさん聞かせていただければと思っております。

鷲尾　昨日今日と、たくさんのお客様と一緒に福本先生を囲むことができて本当に幸せです。僕も多井も福本先生についてたくさんの思い出がありますので、1つでもお話しできればと思います。

大野　中島監督は、先ほどもおっしゃってましたが、福本先生とは東映の入社がほぼ同期で、また、『太秦ライムライト』には松方弘樹さんが出演してくれて、ラストでお三方が揃い踏みするわけですが、松方さんもほぼ同期なんですよね。

中島　そうです。歳は違うけど、僕は大学卒で福ボンは中学卒ですから、ぴったり合っちゃってね。弘樹ちゃんはだいぶ若いんですけど、彼の一番いい時と僕の監督人生とかシンクロしてます。

大野　中島監督が入社された頃の、時代劇映画の状況はどうだったのでしょうか。

中島　いやぁー、僕が東映に入って、これから時代劇やらなきゃいけないのか、嫌だなぁと思ってました。そんなことをやるために映画会社に入ったわけじゃないんだぞ、と。だけど京都に送られちゃって。当時京都では映画は時代劇しか作ってませんから、それをやらざるを得ない。ただ、やらざるを得ない中で、「チャンバラには、結構馬鹿にできない面白い要素があるな」と感じました。東映の立ち回りの中に面白いものを探そうと思い始めたんです。そういう時に、例えば弘樹ちゃんとかはまだ若くてとても勘がいいから、素晴らしい立ち回りを見せてくれた。しかし、主役だけじゃなくて斬られ役というのが非常に大きいということをその時に知ったんですよね。福ボンなんかもその時はまだ隅っこにいたんですが、彼以外にも斬られてなんぼ、斬られ方の美学を、役者それぞれが求めていた時代でもあったんじゃないかな。斬られ役たちが、他にはない斬られ方を工夫して一生懸命見せようと競っていた時代でもあったんです。

大野　それまで東映の伝統の時代劇の立ち回りがあって、加えて、新しい立ち回りの面白さを見つけたいと思われたのですね。

中島　一つは、沢島忠さんという監督。これは僕の先輩ですけれども、沢島さんの時代劇は、非常に現代的なリズム感で撮られている。だから、お侍さんよりも、一心太助みたいな、魚河岸の男のような人物造形が彼は得意だったんです。これを錦ちゃん（中村錦之助）がやると、非常に若々しいし、現代劇のアクションよりもっと生き生きとしている。そういうものが生まれていました。
　その一方では、大ベテランのマキノの親父《オヤジ》（マキノ雅弘監督）がいて、これがまた、ものすごい長い講釈を垂れながら、我々若いものをうーんと唸らせるようなすごい技を見せてくれる。そういう意味では、いろんな殺陣の使い方のパターンがスクリーンの上で交錯していた時代でもあったんですね。今から考えると大変ぜいたくな時代でもあったのかなと思います。

福本清三──存在の不気味さ

大野　そんな中、まだ撮影所の端っこにいた福本さんが輝く瞬間に気づかれたのでしょうか？

中島　やっぱりね、福ボンの存在というのはね、彼の動きもさることながら、その存在の中に不気味なものがあるんですね。最初に非常に印象に残っているのは、これは現代劇なんですが、食堂の中に悪い奴らが2・3人入ってきて、人探しをするシーンでした。福ボンたちがじろりじろりと見回して、料理人たちが震え上がる。料理人役の俳優が震え上がらなければならないんだけど、彼らを震えあがらせるための何かを悪い奴らの俳優たちが示せるかどうかが非常に大きいわけで、両者が噛み合ってできるわけです。福ボンの場合は、彼が入ってきただけでそれができるんですね。できちゃうというか、不思議にその周辺だけがそういう雰囲気になってしまう。これはもう演技以前の、存在そのものの不気味さというか、そういったものを彼は早い時期から身につけていました。これは彼の非常に若い時からの特技の1つです。

大野　それはどこで身に付けはったんですかね。熱心な研究の成果ですか？

中島　これはね、口ではちょっと言いにくいんだけど、まず目の力、それと足の運びですね。足の運びがやっぱり普通の人じゃない。ふっふっふっというリズム感で、不思議な歩数で迫ってくるような。こういうのは演技で勉強してもダメなんじゃないかな。持って生まれた不思議な感性のようなものだね。

　剣会の中には、単に立ち回りをやるだけではなくて、さらに自分だけの「間」を持っている不思議な連中が何人かいて、これが非常に大きな存在になった。ですから、時代劇から現代劇に移るときに何の違和感もなくすっと入っていった、むしろそれから時代劇に戻していくエネルギーのほうが大変だったと思うほどだけど。やっぱりこれは東映独特の層の深さと言うのかな。時代劇といっても、現代劇っぽいものもあれば、現代劇といっても非常に時代劇っぽいものもある。監督や殺陣の先生たちもみんなで、何とかそういう不思議なムードの作品を作ろうよ、と。そんなことは口では言い合ったことはないんだけれども、雰囲気として助監督時代から非常に感じていましたね。

テレビ時代劇の草創期

大野　それまでにない時代劇を作る機運の中、栗塚旭さんはテレビの時代劇で主演されましたね。

栗塚　当時、撮影所ではテレビは蔑視されていました。撮影所とは本編（映画）を撮る場所だ、と。しかし、映画は何をやっても入らなくなってきて、京都の三大撮影所のうちの松竹と大映はとっくにテレビプロダクションを作ってテレビドラマの撮影をしていたんですが、昭和39年に東映京都テレビプロダクションができた。その資本金は大川橋蔵さんのギャラよりずっと安かった。その第一回目の作品、品川隆二さん主演のテレビ時代劇『忍びの者』（1964～5年）で、僕は明智光秀、峰さんは――

中島貞夫監督は『太秦ライムライト』で本人役で出演した

峰　僕は大川橋蔵先生のところに弟子入りをして、その時栗塚さんとご一緒したんですが、森蘭丸の役です。一字もらって、峰蘭太郎と言う芸名になりました。

栗塚　本編で大活躍されていた監督さんやスタッフさんがみんなテレビプロダクションのほうに移られてきました。僕も色々試されて、松方弘樹さん主演、近衛十四郎さんも出ていた『つむじ風三万両』（1964～5年）などに出してもらって、いよいよ昭和39年の終わりに『新撰組血風録』で主演デビューしました。

　そういえばその前に沢忠さんが、ワンシーンだけ本編で使いたいとおっしゃってくれて、初めてシネマスコープの大きな画面で自分が出ると思って喜んでオーケーしました。鶴田浩二さんが遠山金四郎を演じた『いれずみ判官』（1965年）です。僕は役人の役で、不正を調べていると悪者に突き落とされるんです。この舞台の高さの足場から飛び降りるんですが、福本さんや剣会の皆さんが、「大丈夫、大丈夫」と励ましてくれた。で、僕が突き落とされて死んだところに、向こうからカメラがズームしてきて僕の顔のアップになる。そこに。『いれずみ判官』ってタイトルが出るんですよ。

中島　ああ、そうなんだ。

栗塚　それが僕の東映での第一回出演映画であり、その後二度と使ってもらえませんでした。（笑）

中島　確かに、東映がテレビに本格参入するのは遅かったんだけど、その後の東映の物量作戦、次から次へとテレビ時代劇を大量生産するのもすごかった。その時に、映画とテレビの違いを一番考えていたのが演出陣でした。テレビ時代劇には功罪いろんな問題点がありましたけれども、東映は映画からテレビ、テレビから映画という転換を比較的上手にやっていった。映画とテレビの差、それは単に画面の大きさというだけでは無い、それを割と早めに東映京都の監督たちは獲得していたんです。この辺は忘れてはいけない。

栗塚　僕はたったワンシーンだったけど本編に出て、その後、新選組の土方歳三のお役をいただきました。スケールは35ミリの本編か16ミリのテレビ映画化の違いはあるけど、スタジオは一緒ですからから、スタッフにそれまで東映の映画で培ってきたノウハウがある。だからテレビでもいい時代劇が出来上がったから、わあっとマスコミから注目されたんですね。

中島　それも東映の1つの特質でしたね。つまり映画とテレビが違うと言いながら、じゃあその違いはなんだと言われたら、例えば画面の大きさだとか、いろんなことを言う人がいたけれども、本質的な違いは何かと言えば、演技の基本が違うということです。演出陣の研究で、テレビ時代劇を東映らしい面白さに持っていくことができた。テレビ映画での成功を梃にとって、本編の方ではお金の高い巨匠監督さんを外部から連れてきて映画を作った。外部からスター監督を招聘することに最も熱心だった撮影所でした。それはスター俳優の存在も大きかった。そういった意味でも、映画とテレビの違いを、撮影所単位で考えていたのは、東映京都撮影所だったのじゃないかなと思います。

大野　映画とテレビとで、殺陣には違いはありましたか?

栗塚　その頃はまだ足立伶二郎さんというトップの殺陣師がいらっしゃいました。その方が真ん中を歩くと周りの人はさっと避けて「気をつけ」をする。そんな存在です。だから、3番目4番目のお弟子さんたちがテレビの立ち回りをつけていましたね。

大野　昔の映画を見ると、ほとんどの作品で「殺陣　足立伶二郎」とクレジットされているわけです。ほんまに足立さんが全部やったのかなあと思って、いっぺん私は亡くなった（足立さんの弟子の）上野隆三さんにそのことを聞いたことがあります。すると、上野さんが、「そうや。あれは全部足立さんがやらはって、俺らは師匠の言いなりや。部員に危険タックルをさせた日大のアメフト部の監督と一緒で逆らえへん」とユーモアたっぷりにおっしゃっていました。（笑）

中島　足立さんは大御所です。映画を作る上で、一番肝心なのはスターです。スターの中には、「殺陣師は足立さんやなくてもええ」という人もいます。だけど「足立さんやないと、俺は出ない」というスターが圧倒的に多いわけなんです。だから、足立さんを引っ張ってこられるかどうかが重要で、それが組の力なんです。進行主任や監督の手腕が問題になってくるんですよ。結局は、「殺陣　足立伶二郎」というクレジットは組の力の誇示なんですよ。足立さんじゃなくてもいい時もある。

それぞれにとっての「福本清三」

大野　その頃の、福本さんの思い出をお聞かせください。

栗塚　福本さんとは、もう毎日毎日朝から晩まで夫婦じゃないかと思うほど一緒にいました。寝るときだけ違うんですね（笑）。彼はあの風貌とは違って、心の優しい人でした。立ち回りがうまくできなくて、監督や剣会の偉い人がそっぽ向いてタバコを吸っている時でも、「大丈夫だ」と肩を叩いてくれる人でした。その後、沢忠さんがお嬢（美空ひばり）の舞台の演出をするようになって、僕も呼んでもらったんですよ。ある時、僕はどえらい失敗をして、ラストの長い大立ち回りの最後に、僕の長髪のカツラが飛んでしまったんです。客席から見たら首が飛んでいたように見えたので、すごい仕掛けだということで客席は湧いたのですが。そんな失敗の時も、福本さんはドンマイドンマイと慰めてくれました。福本さんはお嬢の指名で、ずっと劇団員のように一緒に行ってましたね。

峰　僕は福本さんの5年後輩です。福本さんは15歳で東映に来られました。僕は昭和39年に16歳で、大川橋蔵先生に弟子入りしました。それからしばらくは弟子生活をしていましたので、福本さんと出会うのはまだ後です。

　初めて会った時は、あの顔見ただけで怖いし、この人どれだけ飲むんやろうと思いました。ところが全然飲めない人で、おはぎばっかり食べてはった。とっても優しい人でしたね。でも、仕事になったらほんとに厳しい。福本さんに度肝を抜かれたのは、『吼えろ鉄拳』での真田広之さんとの一騎打ちです。その時まで僕は柄にもなく2枚目スターになりたいと思っていたのですが、その福本さんを見たときに、あんな風になりたいと思いました。自分としては福本さんを発見した時でした。

ヤクザ映画と立ち回り

大野　その後、東映は時代劇を作らなくなって、ヤクザ映画へと移り変わって行きますね。

中島　はじめ任侠映画と呼ばれていた作品、高倉健の『日本侠客伝』（1964年）とか、ああいうものは時代劇の延長線上に非常にはっきりと位置していたわけです。『日本侠客伝』は、（高倉）健ちゃんじゃなくて錦ちゃん（中村錦之助）が主役をやる予定だったんですよ。ところが、錦ちゃんは、時代劇の大立回りは好んでいるけれども、ヤクザ映画のそういうものにあんまり興味は無い。それで、高倉健が代わりにやった。マキノの親父《オヤジ》が監督でした。

　撮影の時、初めて健ちゃんが太刀を大上段からぶった切る、その瞬間を見ていました。それまで健ちゃんがどんな立ち回りをやるかは知らなかった。これが驚くほどの迫力があるわけ。それまで、日本刀の使い方どうのこうので制約されていたものが、健ちゃんはそんなこと関係なく、バーンとぶった切るわけですよ。そんなわけであれは高倉健のシリーズになったわけです。あの立ち回りは、それまでの俳優さんにはなくて、高倉健において初めて出てきた。もっとオーバーに言えば、今までの東映の時代劇では見られなかったものが、ヤクザ映画では見られるようになった。剣の道を説くよりは自由にドスを回していたほうがイキはいいよね。そういった意味では、立ち回りそのものも、時代劇から任侠映画への移り変わりの中で変質していったということは言えます。そういう観点からはあまり言われていないけれども。とにかく、初めて『日本侠客伝』で健さんの立ち回りの動きを見た時は、ものすごく新鮮でした。

栗塚　その後、『仁義なき戦い』とかそういうのが出てくると、それまでの東映剣会の立ち回りとはますます異なってくる。

中島　そうです。今言った錦ちゃんと健ちゃんとの違いは、剣会とやくざ映画との比較に通じる。ただ、『仁義なき戦い』のアクションには残虐さはあるけれども、アクションそのものの新しさはなかった。あれがやくざ映画のアクションを変えたというのは間違っていて、残虐性が加わったと言う程度のものです。

峰　僕はその頃には大川橋蔵先生の所から独り立ちをして、当時はそんなに意識はしていなかったのですが、もう時代はヤクザ映画の時代に突入していました。ヤクザ映画というと高倉健さんのように角刈りをしなければいけないのですが、僕なんかは毛が寝てベタっとなるので角刈りにならないんですよ。当時、福本先生は長髪で、髪を切れと言われても切らなかった。だから現場に行くと小沢茂弘監督なんかが黄色い鉛筆を持って、髪の毛を見てここで切れと言われ使ってもらえない。だから、その頃の福本さんもそんなに活躍されているというイメージは無いんですよ。その上にもまだ先輩がいらっしゃいますから、カメラにそれほど接近もできない。福本先生も時代劇もやりたかったと思うんですけど、やれない悔しさが、現代劇でのあのすごいアクションにもつながっていったんじゃないかと思います。

『太秦ライムライト』に、生涯の当たり役・土方歳三の扮装で出演した栗塚旭

中島　そんな時に『木枯し紋次郎』（1972年）がポンと飛び込んできて、ヤクザ映画が全盛の時代に時代劇を撮ろうということになった。その時の議論は、ヤクザ映画のアクションで時代劇を復活させようということでした。作法なしのヤクザの荒っぽさを時代劇でやる。じゃあ、時代劇をやったことがない文ちゃん（菅原文太）が主役に良いだろうと。いろんなやり方を試しながらやりましたね。

栗塚　だから時代の変遷の中で、剣会の方も大変な苦労をなさっていたんだと思います今までの技が通じなくなったのですから。でも、本物の時代劇チャンバラをもう一度見せようと言うことで作られたのが中島監督の『多十郎殉愛記』です。あの時は大変な苦労をしましたね。

中島　東映の若手の中に人が少なくなっちゃっていて、吉本の若手の中から希望者を選んで特訓ですわ。でも、2週間やってると、若い人で運動神経の良いやつは対応してくる。そのことがよくわかりました。

「また福ボンに突き付けられたぞ」

大野　福本先生が時代の移り変わりの中でも鍛錬をされて、それが実を結び朝日新聞の天声人語に取り上げられたり、NHKが特集番組を組んだり、そしてハリウッド映画『ラストサムライ』にも抜擢されました。時代劇を次につなげていこうという機運の中、先生は映画村で「福本清三撮影ショー」をされていましたね。

峰　はい、僕はショーでは、殺陣師の役をして、何度もご一緒させていただきました。大体主役になるのが嫌な人でしたから、誰か若い子を主役にしてくれと言うふうにね。

中島　福ちゃんのあの海老反り。あれは福ちゃんの独特の存在の仕方ですよ。つまり、のけぞっている間、存在しているわけですね。のけぞっている間、キャメラは離れられないんだろうと。でも、キャメラは離れられなくても、編集で離れられるわけですよね（笑）。福ちゃんの思いは、編集されるとそこで切れてしまう。大体切られてしまうんですよ。でも、少しでも俳優の思いが画面に残っていく、そのことによって、福本の立ち回りはしつこいぞということになる。あの海老反りは、実に不自然な姿勢だけど、福ボンがやると自然に見えちゃう。

栗塚　福本さんは本当にチャップリンのことを尊敬していて、それで『太秦ライムライト』が成立したと思うのですが、あれは何年前のことですか。

大野　２００６年に、ＮＨＫのチャップリンの特集番組「チャップリン　世紀を超える」で福本先生と共演したことがありました。先生は、最も尊敬する俳優がチャップリンであると語っていました。チャンバラについては、斬り方は教えてくれるけれども斬られ方は教えてくれない。だから自分で斬られ方を研究しなくてはいけないわけです。そんな時に、先生が映画館でチャップリン映画をご覧になって、チャップリンが受け身も取らずにどんと倒れた時に客席がわいたのを見て、あんな大スターが体を張って演技をしているのだから、自分はもっとしなくてはいけないと思ったそうです。

峰　福本先生の斬られ方は、それまでのやり方を突き破っていた。普通は画面から切れると写っていないので手を抜くんですが、先生は石ころいっぱいの地面に体を叩きつけていたのを覚えています。そのルーツはチャップリンなのです。

大野　そうです。その後、『太秦ライムライト』の企画が動き出し、２００７年ごろから僕も撮影所で仕出し（セリフのない演技者）をやらせていただいたり、剣会の先生方に殺陣教室をしていただいたりしました。

多井　剣会の大先生方が、京大の近くにあった僕たちの左京区のスタジオヴァリエにおいでくださって。最初は２０１０年7月から毎月5年以上やってました。

鷲尾　最初の殺陣教室で、福本先生はわざわざ浪人姿のこしらえとカツラでスタジオにお越しいただき、すごいサービス精神旺盛な方やなあと感銘を受けました。

峰　最初はレッスン場が大きく感じたのですが、みんなが動けるようになると小さく感じてきましたね。だんだんみんな熱心で上手になっていった。

多井　僕らはミュージカル劇団で、僕自身も最初時代劇のことは知りませんでした。でも、チャンバラの立ち回りの稽古を始めて、時代劇の見方が変わりました。立ち回りは、ただのアクションではなくて、そこにドラマがある演技そのものだということを教わったんです。剣会の木下さんがいつもおっしゃっていたことは、集団での立ち回りの時、横や後ろからいつ斬られるかわからないという緊迫感、そしていつでも斬りかかってやろうとチャンスを窺っている気持ちが大事だということです。二人で斬り合う時も、どっちが先に斬るとかわかっていてやるのではなく、相手を斬りに行こうとしたら、相手の方が早くて、こちらが斬られてしまう。そういった、リアルな演技が重要で、まさに芝居の基本が詰まっていると思います。いろんな現場に出ていると、立ち回りにもいろんなやり方があるのですが、僕は東映の立ち回りが好きです。単にカッコつけて見せるだけではない、舞踊としての美しさとリアルなドラマの両方があるからです。

鷲尾　他に、劇団とっても便利の時代劇ミュージカルに福本先生にご出演していただきましたね。昨日も言いましたが、私は毎日舞台上で福本先生の海老反りを隣で見ていたのですが、千秋楽の日についにその海老反りが最終形に達しまして、本人の足のすぐ後に福本先生の頭がくっついて、円を描いていたんですよ。

栗塚　それだけ鍛えていたんだよね。

鷲尾　『太秦ライムライト』をご覧になって分かると思うんですが、本当にすごい身体能力です。

大野　あのラス立ちのエビ反りは、夜中の1時に撮影しました。福本先生は何時までかかっても痛いとかしんどいとか言わない方でした。普通はお腹を斬られたら前にうずくまるので、後ろに反り返るのは痛いのでしないはずです。ですから、あれは福本先生の一流の発明品であって。

栗塚　まさにチャップリン的だね。

中島　あの瞬間を捕まえると、「よくそこまで体をこなしきれるなぁ」と思うんですが、その動きが立ち回りの中で利用されて面白いか面白くないかというのはまた別問題なんです。その立ち回りの中で何が表現されることが一番迫力があるのかを考えなくてはならない。その瞬間、そこでハサミが入っても勘のいい人は残った部分に何かを感じてくれる。だから福ボンのやっていることは、彼の動きを全部使ってくださいというわけではないんだよ。俺はここまで動くから、それをどこまで使うかは自由だよ、と編集に対しての突きつけなんですよ。「また福ボンに突き付けられたぞ」とよく冗談言ってたんだけどさ。つまり、福ボンそのものアクションを、福ボンはあそこまでできるから凄いんだ、じゃなくて、それを突きつけてくる彼がすごい。その意味で福ボンの存在は大きかったんです。だから、福ボンのショットのケツを見てると面白いよ。何処でもだれでもハサミを入れられるんだけど、どこでハサミ入れるか試されているんだよ。

峰　そんなふうに海老反りしたら、福本さんの顔のアップが撮れないからやめてくれと監督に言われても福本さんはやめなかった。仕方ないから、監督がカメラ位置を変えて福本さんをフォローした。僕らはそれを見てたら羨ましいなぁと思いました。斬られ役を追ってカメラが移動するなんて、ありえないですよ。

　それで思い出したのは、福本さんが鶴田浩二さん主演の『新選組』（フジテレビ、1973年）に出たときに、福本さんが階段落ちをされました（#2「池田屋にきらめく白刃!」）。私はその現場にいました。福本さんは階段を一気に転げ落ちて行きました。これ気絶したんとちゃうかいなぁと思うぐらいでした。それを見た主役が、台本にはなかったのに、福本さんに新選組の羽織をかけて帰る演技をした。主役の演技を変えてしまうほどに突き動かすものが福本先生にはあった。

中島　だからキャメラを動かす力までは十分にあったんですよ。それを映像に残すか残さないかと言うのはまた別の問題です。

　どこの瞬間でその演技をするか。その瞬間に、他でもっとすごい演技をしていたらキャメラはそっちに行っちゃうわけでね。俳優さんが見極めができるかどうか、そんな勘みたいなもの。キャメラがこっちに回ってくるかもしれないぞと言う勘が働くかどうか。それも経験だね。だけどその瞬間だけのために、演技をやるものではない。必要な時に必要なことをするのがいいんだ。ただ、福ボンなんかを見ていると、無駄な時にやっているなぁっていうのがずいぶんと多いんだよね。だけどね。それを監督が止めたらダメですよ。僕の方で止めたらいかんと思っていた。

　でも、とにかく映る映らないというのは別にして、身体表現の幅をうんと広げないと、立ち回りをしている人の方が望むようなキャメラの動きにはならないんですよ。俳優さんたちの徹底的に体が動く、それをキャメラのほうはどこまでも追いかける。そして、もう一つ、編集者がそれを面白いと思う形にならなければならないんですよ。その演技が不自然だと思えば、ないほうがいいんだからね。その辺の兼ね合いなんですよ。時代の流行だとか、一人の俳優の執念だとか、様々な要素があって、いろんな立ち回りの形があるんだけれど、結局どの要素が1番強いかなんです。

峰蘭太郎は、『太秦ライムライト』では殺陣師「東龍二郎」役

　これからどんなアクションが出てくるかわからないけど、面白いアクションというのはある特異さを持っている。特異さは、よく考えると不自然なんだけれども、ぱっと見た時に「これはあるな」「これはありだな」と思わせる。そんなアクションがぶつかってきてくれると、面白いアクション映画が作れるんじゃないかなぁ。

福本清三の「3つの福」

大野　ところで、『太秦ライムライト』では、栗塚旭さんには栗塚旭役で、中島貞夫監督には中島貞夫監督役で出演していただいたのですが、中島監督、ご自身を演じられていかがでしたでしょうか、

中島　（照れ笑いで、なかなか答えず、場内爆笑）まあ、あそこまでいくと、どうしても遊びになっちゃうんだよね。

栗塚　僕は後にも先にも新選組しかないので、新選組の衣装で張り切って行ったら、障子があってなにこれって聞いたら障子に映る影の演技でお願いしますと言われたんですね。こっちはバリバリの土方歳三なのに（笑）。福本さんはもちろん絡み（主演に斬りかかる人）で、僕は最後に福本さんを斬るんです。するとやっぱり終わったら僕の肩をたたいてくれて「良かったな」と言ってくれた。それが1番嬉しかった。

　人間どんな人でも3つの福を授かると聞きました。福本さんは『ラストサムライ』でトム・クルーズと共演したこと、これは一番の役者冥利。それからこの『太秦ライムライト』で主役をやったこと。役者になったからにはみんな主役を張りたいと思って頑張ってるんですよ。じゃあ、3つ目は何かなと考えていると、それはね奥さんと出会えたこと、そして素晴らしいお子さんに恵まれたことです。今日来られているので、舞台上に呼んであげてください。（橋本雅子さん（妻）、橋本清美さん（娘）が登壇）

橋本清美さん　昨日と今日と皆さんありがとうございました。映画を見て皆さんに感動していただいて、私もそんな皆さんを後から拝見して感動しておりました。ありがとうございました。（拍手）

大野　この機会だから付け加えておきたいのですが、ほんとに福本先生は奥様のことを信頼しておられました。僕は何度も『太秦ライムライト』の脚本を書き直したのですが、その都度奥様が読んでくださって、よしこれなら面白いと奥様が認めてくださった。それもあって福本さんもこの脚本でやると決断してくださり、この作品が実現しました。なので、奥様が影のプロデューサーだと言うと、また怒られるかもしれませんが、しかし奥様なしではこの作品は絶対にありませんでした。（拍手）

『太秦ライムライト』は国内外で13の賞を頂き、高く評価されました。もっともご本人はこの映画はお蔵入りやとか照れていましたが、お蔵入りどころか、亡くなって2年たってもみんなでこうやって笑って泣いて、ほんとに素晴らしいことだと思います。

中島　まぁ、福ボンとは長い付き合いだったけど、彼のいろんな生き方を僕も客観的に見せてもらったし、そういう中で、自己表現をしなきゃいけない一人の俳優が、どれだけの努力を重ねなければならないのかを見せてくれた。彼はほんとに一芸ですよね、そのために一生かけている、その凄さというものが、彼と付き合っているとどうしても消えない。やっぱり、「福ボン、安らかに」と言うしかないですね。

栗塚　僕は撮影所では福ちゃんと言う軽い呼び方もしましたが、いつも先輩先輩とも呼んでいました。先輩とちゃうちゃうと言っていましたけれども、東映では先輩なんです。本当に良い兄貴でもありました。ただ、僕よりも年下だったのに、先に行かれてしまったのが残念です。でも生き残った以上、やらなければならないこともあります。だから最後まで見守っていて下さい。

峰　福本先生はとっても良き先輩です。「先生」とお呼びしてほんとにふさわしい方でした。職場でこんないい先輩に恵まれたというのが本当に1番の幸せでした。亡くなってしまいましたが、先ほど皆さんも一緒にご覧になった『太秦ライムライト』の中で生き続け、いつまでも背中を追いかけられる。そして、いつの日か天国で一緒にまた立ち回りをできる、それまで先生もやり残したことあるんじゃないかと それを探して僕はやっていこうと思います。

今日は、東映剣会の若手が初披露しましたが、先生は本当に若い人を育てたいと思っていた。私も若い時に、初めて芯（主役）をやるときに、好きなようにやれと胸を貸してくださったのも先生でした。これからもそういった思いを少しでも伝えていきたいので、皆様これからも剣会を面倒みてやってください。それが時代劇の未来につながっていくと思います。これは全て先生に集約すると思います。

多井　僕が福本先生に最後に会ったのが、ちょうどこの劇場のロビーでした。昨日も言ったのですが、役者をやめようかなと思っていた僕に、「お前何してんねん、出なあかんやん、さては役選んでんのやろ！」と、笑顔で明るく言ってくれました。それでもう一度頑張ろうと思って役者の道に戻りました。役者を続けていられるのは福本先生のおかげです。これからも先生の力を借りながら、自分のペースで頑張っていきたいです。

鷲尾　昨日と今日と、皆さんの福本さんへの想いが溢れて、僕もとても感動しています。『太秦ライムライト』ほんとに久しぶりに見たのですが、素晴らしい作品です。撮影の現場に入った時は、今でも剣会の先生方は目の端で僕たちのことを見てくれていて、優しい言葉も厳しい言葉もくださいます。福本先生も、言葉だけではなく態度で、体で色々と教えてくれる先生でした。時代劇がつながっていくように、私たちもなんとしても頑張りたいと思います。どうぞよろしくお願いいたします。

大野　昨日今日と、福本先生についてお話をしてきてそれに付け加える事はございません。ただふと思い出すのは、撮影所でトム・クルーズさんからいただいたWarner Bros. の帽子をかぶってすらっと立っているあの立ち姿、取材に同行するときに、阪急の梅田駅で待ち合わせていたときの、足を組んでコーヒーを飲んでいるただ座っているだけでかっこいいあの佇まい、一緒に鳥取に講演するためにお伺いした時に、京都駅のホームで「何か買うてきましょうか」と言うと、「コーラ買うてきて」とおっしゃった、甘いもの好きのかわいい福本さん、道場でべたっと座って自分の出番がない時でも稽古中ずっと台本を読んでおられたあの真剣な眼差し、本番に入ったらパッとスイッチが入る福本さん、『太秦ライムライト』の上映初日満場のお客さんからの拍手を浴びて楽屋に帰ってきた時の心底ほっとした表情、いろんな福本さんが思い出されます。今日はほんとにありがとうございました。何よりも福本清三先生、本当にありがとうございました。（拍手）

この後、中央にある福本清三の写真パネルに向かって、一同拍手。中島貞夫監督はじっと福本の写真を覗き込むようにして見つめていた。

End Roll

これまで、福本清三の生涯を、残された写真と本人の言葉とを手がかりにたどってきた。5万回の足跡を一冊で網羅することは望むべくもないが、ご協力いただいた皆さんのおかげで価値ある写真集になったと思う。本書が、福本の人生を振り返り、映画の未来に思いを馳せるよすがになることを願っている。

福本清三は映画史に輝く名優であり、日本一の斬られ役の〈先生〉だ。だが、それだけにはとどまらない。彼は、誇りを持って物事に取り組み誠実に道を歩んだ、人生の〈先生〉でもあった。これからも多くの人が先生の姿を励みとして前に進んでいくだろう。どうか先生、「どこかで」私たちを見ていてください。ありがとうございました。

＊＊＊

というわけで、先生が、モットーである「どこかで誰かが見ていてくれる」について語った言葉で、本書を締めくくることにする。「映画を観てくださるお客さんに何を感じて欲しいですか」という問いへの答えだ。（福本先生は、「大野ちゃんが書いてくれはった」と言っているが、言うまでもなく、それは先生の言葉であり、小田豊二氏との著書のタイトルだ。それを人の手柄のように言うのも先生のお人柄が出ているので、そのまま掲載とする）

一番思うのは、この映画のキャッチフレーズにしてもね、大野ちゃんが書いてくれはった「どこかで誰かが見ていてくれる」のセリフやないけど、一生懸命やっていれば、神様が見てくれているということやね。主役の仕事が来たのはそのおかげかなと思ったりね。そこまで言わなくても、一生懸命やれば誰かが見てくれていて、何かがある。そういうことを感じてもらえれば、一番ありがたいなと思います。

大きな望みを叶えるためじゃ無しに、〝これをやったら、これが来る〟とかそういうことを期待せずに。自分が何をやるかいうたら一生懸命しかないなと僕は思ったんです。誰が見てるか分かんないですからね。見てくれるのは他の人の目ですから。自分の女房か、はたまた親戚か。そりゃ、見てくれへんことのほうが多いんですよ、ほんまの話。「見てくれ」と言うても、見てくれるもんじゃないんやけど。やっぱり、その思いを捨ててしまうとあかん。誰か絶対見ていてくれるということを信じてやれば何かはある。そういうことを一人でもわかってもらえれば。一番ありがたいなと思います。

（2014年5月30日　東映京都撮影所にて　福本清三）

福本清三年表

（作成：五十嵐マヤ・西嶋勇倫・大野裕之）

＊それぞれの年の末尾に、その年の主な出演映画作品。一部、テレビドラマ作品を記している。作品名の後の括弧内は監督名か放送局名。
＊なお、テレビドラマに関しては、『銭形平次』（大川橋蔵主演、1966～1984年、フジテレビ）、『水戸黄門』（1969～2011年、TBS）、『大岡越前』（1970～1999年、TBS）、『遠山の金さんシリーズ』（1970年～2007年、テレビ朝日）、『江戸を斬る』（1970～1994年、TBS）、『桃太郎侍』（1976～1981年日本テレビ）、『暴れん坊将軍』（1978～2002年、テレビ朝日）、『長七郎江戸日記』（1983～1991年、日本テレビ）、『三匹が斬る！シリーズ』（1987～1995年、2002年、テレビ朝日）、『銭形平次』（北大路欣也主演、1991年～1994年、フジテレビ）など数多くに出演しており、ここに全てを記すのは不可能である。
＊このように概観すると、福本は、1960年代に多くの映画の現場で斬られ役として鍛えられ、豊富な舞台経験も糧に、70年代になると時代劇以外でも個性豊かなアクション俳優として重宝され、80～90年代のテレビ時代劇全盛期には一般にも注目され始め、それが21世紀に入り『ラスト サムライ』に結実し、「日本一の斬られ役」の生き方が映画界以外でも広く共感を呼んで、ついに『太秦ライムライト』で主演を果たした、という流れを大まかにたどることができる。

1943年 2月3日 兵庫県城崎郡香住町に、父・橋本磯平、母よしの6人兄姉弟の三男として生まれる。（兄と姉が二人ずつ、弟が一人）。いつも物事を人の影から、物陰から眺めているような、シャイな子供だった。

1958年（15歳） 中学卒業後、京都の親類の米屋の跡継を任され就職するが、意に沿わず辞める。父方の弟（橋本良造）の京都の不動産屋を頼り就職。その叔父に東映入社を勧められ、58年暮れに東映京都撮影所の門をくぐり映画の道へ。

1959年（16歳） 2月4日公開『鞍馬天狗』（マキノ雅弘監督）で映画初出演。入社した頃はすぐ上の姉、河本直子の西大路太子堂のアパートに同居。日当は250円。その後、近所に六畳を借りて引っ越し。

1960年（17歳） あまりの撮影の忙しさに、急性肝炎、十二指腸潰瘍、胃潰瘍を患う。下戸なのに先輩に酒を飲まされて倒れ、酒は飲まないと決意。／『危うし!!怪傑黒頭巾』（松村昌治）。『旗本退屈男　謎の暗殺隊』（松田定次）忍者。

1961年（18歳） 『宮本武蔵』（内田吐夢）。『富士に立つ若武者』（沢島忠）。『江戸っ子繁昌記』（マキノ雅弘）浴衣姿の男。

1962年（19歳） 5月6日より開始の、スタジオ同時収録放送の「てなもんや三度笠」（朝日放送）に阿部九州男の配下の役で出演（放送は1968年3月31日まで）。／『瞼の母』（加藤泰）屋台の大福売り、賭場の男。

1963年（20歳） 『旗本退屈男・謎の竜神岬』（佐々木康監督）で初めて主役（市川右太衛門）に絡む。■この頃からスタンドインの仕事が増える。■河野寿一監督のテレビ映画『忍びの者』（1964年）で初めて台詞アリの忍者役。カメラの前に走ってきて頭に報告する「申し上げます！」の一言がどうしても言えず、役者としてこの先やっていけるのかと一週間寝られなかった。■この頃、川谷拓三と折半で花園の家賃4000円の部屋に住んでいた。

1964年（21歳） 美空ひばりの第一回舞台公演に出演。以降、1976年まで、新宿コマ劇場、梅田コマ劇場などに毎年出演。1年で数ヶ月は舞台生活となる。／『十兵衛暗殺剣』（倉田準二）現在のところクレジットが確認できる最も初期の作品。『くノ一忍法』（中島貞夫初監督作品）屋根の上の忍者。

1965年（22歳） 『いれずみ判官』（沢島忠）。『主水之介三番勝負』（山内鉄也）近衛十四郎と立ち回り。『日本侠客伝　関東篇』（マキノ雅弘）河岸のシーンの群衆。ドラマでは『新選組血風録』第18話「油小路の決闘」（NET）など。

1966年（23歳） 『丹下左膳・飛燕居合い斬り』（五社英雄）で、中村錦之助のスタンドイン中に大事故。本作で、中村錦之助から「お前、立ち回りが上手いな」と誉められた。／冒険大活劇黄金の盗賊』（沢島忠）十数人を一気に斬る男。『十七人の忍者・大血戦』（鳥居元宏）松方弘樹と立ち回り。『怪竜大決戦』（牧口雄二）忍者。『旗本やくざ』（中島貞夫）芝居小屋の客。

1967年（24歳） 『博奕打ち一匹竜』（小沢茂弘）悪の手下。『銭形平次』（山内鉄也）夜道で平次を襲う一団の一人など。『日本暗黒史 血の抗争』（工藤栄一）赤シャツの男。

1968年（25歳） 殺陣の技術が認められ、東映剣会入会。■このころ5歳下の雅子さんと出会う。■9月、北島三郎の一回目の新宿コマ劇場公演に東映剣会として参加。／『緋牡丹博徒』（山下耕作）乱闘シーンの男。『怪猫呪いの沼』（石川義寛）家老の配下。『博徒列伝』（小沢茂弘）若勇組の若い衆。

1969年（26歳） 結婚。8月27日、長男雅和誕生。妻の母とし子さんと同居するために常盤に家賃4万円の二階家を借りる。／『旅に出た極道』（佐藤純弥）階段逆さ落ちをする男。『賞金稼ぎ』（小沢茂弘）「殿、お城より火急のお召でございます…」という台詞がある。『五人の賞金稼ぎ』（工藤栄一）忍者軍団の頭二人のうちの一人。クレジットが〝福本清二〟になっている。

1970年（27歳） 『極道坊主　念仏三段斬り』（原田隆司）雪の中で坊主を襲う7人衆の中の一人など。『博徒一家』（小沢茂弘）ラス立ちでおでこに包帯を巻いている男など。『博奕打ち流れ者』（山下耕作）ラス立ちでパーマ頭の男。

1971年（28歳）●『関東テキヤ一家喧嘩火祭り』（鈴木則文）子分。『関東テキヤ一家・浅草の代紋』（原田隆司）眉間を斬られる男など。『まむしの兄弟お礼参り』（本田達男）海水浴場のサングラスの客など。『女渡世人』（小沢茂弘）長髪の男。

1972年（29歳）●10月24日、長女清美誕生。／『エロ将軍と二十一人の愛妾』（鈴木則文）囚人。『博奕打ち外伝』（山下耕作）賭場の男。『まむしの兄弟傷害恐喝十八犯』（中島貞夫）駅前のチンピラ4人組の一人。

1973年（30歳）●8月20日〜9月5日、美空ひばりのアメリカ公演に参加。／『仁義なき戦い・広島死闘篇』（深作欣二）下中隆次。撃たれた時に、トンボを切って死ぬ。『現代任侠史』（石井輝男）ピストルで撃たれる男。『ポルノ時代劇・忘八武士道』（石井輝男）女の乳房をもみほぐし吸いつく男など。

1974年（31歳）●『ジーンズブルース　明日なき無頼派』（中島貞夫）竹村清。車に轢かれて高く跳ね上げられる男。『まむしの兄弟・二人合わせて30犯』（工藤栄一）ヤクザ子分。『ザ・カラテ』赤間。

1975年（32歳）●『日本暴力列島　京阪神殺しの軍団』（山下耕作）河原で刺される男。『県警対組織暴力』（深作欣二）刑事。『下刈り半次郎　㊙観音を探せ』（原田隆司）忍びの者。

1976年（33歳）●『ヤクザの墓場・くちなしの花』（深作欣二）階段から飛び下りるヤクザ。『広島仁義・人質奪回作戦』（牧口雄二）『沖縄やくざ戦争』（中島貞夫）金城。

1977年（34歳）●『北陸代理戦争』（深作欣二）舎弟。『やくざ戦争・日本のドン首領』（中島貞夫）黒江の兄貴。『恐竜怪鳥の伝説』（倉田準二）足和田村消防団員。

1978年（35歳）●『大都会Ⅲ』（日本テレビ）＃1では、バズーカ砲ぶっ放す男を演じ、爆破寸前のトラックから上半身裸で逃げる命懸けのアクション。／『柳生一族の陰謀』（深作欣二）フチカリ。『赤穂城断絶』（深作欣二）吉良方刺客。『宇宙からのメッセージ　銀河大戦』（山田稔）ヒビト。

1979年（36歳）●『真田幸村の謀略』（中島貞夫）徳川側の忍者。『地獄・THE INFERNO』（神代辰巳）人足など。『日本の黒幕』（降旗康男）。

1980年（37歳）●杉良太郎に請われ『大捜査線』にゲスト出演。『西部警察1』ゲスト出演。■『大激闘マッドポリス'80』＃10「処刑儀式」では、珍しい女装を披露。■島之内の3LDKのマンションを購入。／『徳川一族の崩壊』（山下耕作）松浦亀太郎。

1981年（38歳）●『吼えろ鉄拳』（鈴木則文）謎の中国人。『魔界転生』（深作欣二）甲賀忍者。『仕掛人梅安』（降旗康男）浪人。

1982年（39歳）●『斬り捨て御免Ⅲ』、CX時代劇スペシャル『丹下左膳・剣風！百万両の壺』（五社英雄）、『伊賀忍法帳』（斎藤光正）虚空坊。『蒲田行進曲』（深作欣二）フクちゃん。『鬼龍院花子の生涯』（五社英雄）刺客。

1983年（40歳）●『西部警察Ⅲ』でマシンガンを撃ちまくる男など、この頃のドラマで多くの印象的な役を演じる。■車の免許取得。／『里見八犬伝』（深作欣二）

1985年（42歳）●『修羅の群れ』（山下耕作）胸に髑髏の刺青の男。『最後の博徒』（山下耕作）組のトップ2。『夢千代日記』（浦山桐朗）劇中劇の殺陣シーン。

1986年（43歳）●この年から1995（52歳）年まで、八代亜紀の舞台に毎年出演。／『火宅の人』（深作欣二）『大奥十八景』（鈴木則文）『極道の妻たち1』（五社英雄）側近。

1987年（44歳）●『夜汽車』（山下耕作）

1988年（45歳）●五十嵐マヤ、福本清三ファンクラブ旗揚げ。／『姐御』（鷹森立一）。『肉体の門』（五社英雄）。

1989年（46歳）●『悲しきヒットマン』（一倉治雄）組の幹部。『将軍家光の乱心・激突』（降旗康男）。

1990年（47歳）●『激動の1750日』（中島貞夫）。

1991年（48歳）●この頃、テレビ時代劇シリーズが隆盛を極め、福本も『水戸黄門』『大岡越前』『遠山の金さんシリーズ』『江戸を斬る』『桃太郎侍』『暴れん坊将軍』『長七郎江戸日記』『三匹が斬る！』『銭形平次』で大忙しだった。／「江戸城大乱」（舛田利雄）介錯人。『動天』（舛田利雄）雪道で井伊直弼を襲う浪士。

1992年（49歳）●6月5日放送の『探偵ナイトスクープ』（朝日放送）に出演。ついで9月24日放送『徹子の部屋』（テレビ朝日）に出演するなど、広く知られ始める。

1994年（51歳）●『新極道の妻たち・惚れたら地獄』（降旗康男）刑事。『首領を殺った男』（中島貞夫）ヤクザの幹部。

1995年（52歳）●『極道の妻たち・赫い絆』（関本郁夫）ヤクザの幹部。『江戸むらさき特急』（山城新伍）。

1996年（53歳）●三田村邦彦主演の新宿コマ劇場公演、渡哲也主演の大阪新歌舞伎座公演に出演。／『わが心の銀河鉄道・宮沢賢治物語』（大森一樹）農民。『新・第三の極道・Ⅲ／Ⅳ』（津島勝）ヤクザ幹部。

1997年（54歳）●『仁義なき野望2』（三池崇史）。

1998年（55歳）●『仁義なき野望3』（松尾正武）組長を襲う刺客。

1999年（56歳）●コロッケ主演の中日劇場公演に出演。／『おもちゃ』（深作欣二）刑事。『残侠』（関本郁夫）

2000年（57歳）●11月29日　朝日新聞『天声人語』に掲載。／『新・仁義なき戦い』（阪本順治）『極道の妻たちリベンジ』（関本郁夫）ヤクザの幹部。

2001年（58歳）●5月24日、NHK「にんげんドキュメント」福本清三特集放送。■9月16日に花園大学で、11月7日に同志社大学にて講演するなど、講演依頼が増える。■11月26日、単行本『どこかで誰かが見ていてくれる　日本一の斬られ役・福本清三』（小田豊二著、創美社）上梓。／『RED SHADOW 赤影』（中野裕之）家老の腹心。『極道の妻たち地獄の道づれ』（関本郁夫）組員。

2002年（59歳）●4月7日から5月26日までの週末に、東映太秦映画村で春の立ち廻りショー『第1回福本清三斬られる！新選組外伝』で主演。■7月、『ラ

スト サムライ』への出演が決定。■7月27日、千葉県銚子市での東映剣会殺陣ショー『殺陣田村』公演。■8月4日、JR東海企画の京都ツアーで、映画村で講演し撮影所見学の案内役を務める。太秦の斬られ役を代表する存在とみなされるようになる。■9月15日、ARDドイツテレビ（第一国営放送）で特集放送。WELTSPIEGELの特派員レポートの番組。■10月9日、ハリウッド映画『ラスト サムライ』クランクイン。出演のため11月に渡米。12月3日に一時帰国。／『森の学校』（西垣吉春）モルモット売りのテキヤ。

2003年（60歳）
1月～5月、ニュージーランドで『ラスト サムライ』撮影。■2月2日東映定年の日をニュージーランドで迎える。■5月6日『ラスト サムライ』クランクアップ。8日に帰国。■8月28日、『ラスト サムライ』記者会見のためにトム・クルーズ来日。日本側キャストとして福本も出席。■9月28日から11月まで、毎週末映画村で秋の立ち回りショー『第2回福本清三斬られる！新選組義勇伝』に主演。■11月20日、WB六本木ヒルズにて『ラスト サムライ』イベント。トム・クルーズらと舞台挨拶。■11月21日、京都二条城にて『ラスト サムライ』プレミア。■12月16日、『どこかで誰かが見ていてくれる』集英社から文庫化。／『新・仁義なき戦い／謀殺』（橋本一）ヤクザの幹部。『ぼくんち』（阪本順治）床屋の親父。『ラスト サムライ』（エドワード・ズウィック）サイレントサムライ。

2004年（61歳）
2月20日　日本アカデミー賞協会特別賞受賞。■3月11日、『徹子の部屋』に2度目の出演。■4月26日、『おちおち死んでられまへん　斬られ役ハリウッドへ行く』（福本清三著／聞き書き：小田豊二著、創美社）上梓。発売たちまち増刷。／『イケメン新選組』（森本浩史）宮部悌蔵。『勇気の3000キロ』（小笠原佳文）ホームレス。『丹下左膳百万両の壺』（津田豊滋）浪人。

2005年（62歳）
4月～5月の日曜・祝日に、太秦映画村で春の『第3回福本清三ショー』開催。以降、2011年まで毎年、春と秋の週末に主演のショーが開催される。■4月1日、文溪堂発行の教科書『小学校5年生　道徳』に福本清三の文章が掲載。／『カーテンコール』（佐々部清）老映写技師。

2006年（63歳）
1月3日、NHK大河ドラマ『功名が辻』1話目出演。■10月25日第19回東京国際映画祭『ニッポン・シネマ・クラシック』でオープニングトークショー出演。■11月3日～12日、徳島県美馬市オデオン座『心に残る人情時代劇―雲の綿帽子』公演にメインキャスト出演。／『超忍者隊イナズマ！』オリジナルDVD（渡辺勝也）『バルトの楽園』（出目昌伸）将校。

2007年（64歳）
■7月15日、『文化フォーラム　日本の時代劇文化を守ろう』（KBSホール）で、中島貞夫監督とパネル討論会。殺陣ショーも。■7月20日、集英社文庫から『おちおち死んでられまへん　斬られ役ハリウッドへ行く』文庫化。／『憑神』（降旗康男）侍。『茶々　天涯の貴妃』（橋本一）。

2008年（65歳）
4月19日より放送の「サントリーBOSS」CMに出演。■8月17日から放送の『CR暴れん坊将軍3』CMに出演。以降、パチンコの時代劇映像にもたびたび出演。

2009年（66歳）
6月4日より放送の任天堂『Wii』CMに出演。■8月1日　太秦映画村中村座にて『殺陣田村』公演。■9月20日、26日、WOWOWのドキュメンタリー『クエスト～探求者たち　東映剣会17人のラストサムライ』放送。／『だましゑ歌麿』（テレビ朝日）。NHK土曜時代劇『浪花の華』。

2010年（67歳）
■1月25日～29日「朝日新聞」『人生の贈りもの』連載。■3月20日から東映太秦映画村とニンテンドーDSのコラボでオリジナルゲーム配信開始。『悪の七人』の浪人役として福本が案内する。■4月27日、六本木ヒルズアリーナでの『座頭市 The Last』完成披露で東映剣会が殺陣を披露。■8月9日、映画村中村座にて『東映京都ナビ開設1周年記念　第2回東映剣会殺陣田村公演』。■8月23日、アルジャジーラ・イングリッシュが東映剣会の特集動画配信開始。／『十三人の刺客』（三池崇史）賭場の浪人。『大奥』（金子文紀）遣り手親爺。『最後の忠臣蔵』（杉田成道）吉良上野介。『桜田門外の変』（佐藤純彌）老漁師。『座頭市 The Last』（阪本順治）天道一家。

2011年（68歳）
3月6日、「大阪シネマフェスティバル2011」で、日本映画部門特別賞受賞。■3月10日～13日、劇団とっても便利、大阪HEPホール公演『信長とボク　ボクのママ』（作曲・脚本・演出：大野裕之。高嶺ふぶき、東映剣会出演）に出演。■4月～5月、第15回福本清三立ち廻りショー：初めて町屋セットにて開催。これが映画村最後の福本殺陣ショーとなる。■8月に『太秦ライムライト』撮影予定だったが、延期。■12月4日　日本殺陣道協会　菊地竜志（菊地剣友会）舞台公演に出演。■この年、『水戸黄門』の地上波放送が終わり、民放のゴールデンタイムから時代劇のレギュラー番組が消えた。／『オーズ・電王・オールライダー　レッツゴー・仮面ライダー』（金田治）ブラック将軍。「劇場版　仮面ライダーオーズ WONDERFUL 将軍と21のコアメダル」（深崎貴行）大工。『忍たま乱太郎』（三池崇史）。

2012年（69歳）
1月28日、東京スポーツ新聞社の『東スポ映画大賞』特別賞授賞。■3月27日　KBSホールにて、中島貞夫監督&東映剣会総出演の殺陣ショー。■3月28日　アメリカのラジオ局 National Public Radio で特集番組オンエア。■4月1日『道徳の副読本　キラリ☆道徳3年生』（正進社）に福本を扱ったエッセイが取り上げられる。■5月2日　テレビ朝日の『マツコと有吉怒り心頭』三大●●に取り上げられ放送。■東映剣会の新年度会長に選出。■9月末、ナレーションを担当するドキュメンタリー番組『極上の京都～京都人が案内する本物の京都～』（KBS京都テレビ）が放送開始。■10月20日、「関ヶ原合戦祭り2012」殺陣ショー出演。■11月27日　朝日新聞夕刊『車折神社』に掲載。／『北のカナリヤたち』（阪本順治）信人の祖父。ndjc2011「あかり」（谷本香織）不審な男。

2013年（70歳）

3月21日、読売新聞朝刊コラム『学ぼう私の先生』掲載。■7月18日、福本が『太秦ライムライト』出演を受諾。■7月20日、春秋座で『彌勒』完成披露舞台挨拶。■9月6日〜26日、『太秦ライムライト』撮影。■10月22日、東映剣会の東京での殺陣ショーイベント出演。■11月16日、「朝日新聞be」掲載。／『彌勒MIROKU』（林海象）質屋。『父のこころ』（谷口正晃）学校の職員。「大阪蛇道〜Snake of Violence〜」（石原貴洋）関西ヤクザの親分。フランス／カナダ合作作品「メモリーズ・コーナー」（オードレイ・フーシェ）被災者団地の住人。「忍たま乱太郎 夏休み宿題大作戦！の段」（田崎竜太）謎の剣豪。『利休にたずねよ』（田中光敏）帝。

2014年（71歳）

■1月8日、『太秦ライムライト』京都での試写に出席。■1月9日、NHK BSプレミアムでドキュメンタリー「UZUMASAの火花」、14日には『太秦ライムライト』テレビ編集版放映。■1月21日、毎日映画コンクール特別賞受賞（授賞式2月13日）。■6月8日、『太秦ライムライト』二条城にてプレミア上映。■6月14日、『太秦ライムライト』T ジョイ京都他で先行公開。翌月12日に全国公開。■7月21日、『太秦ライムライト』、ニューヨークアジアフィルムフェスティバルで観客賞受賞。■8月9日、モントリオールのファンタジア国際映画祭で、主演男優賞受賞。『太秦ライムライト』はシュバル・ノワール賞（最優秀作品賞）受賞。■9月12日、京都市市役所にて「京都市文化芸術表彰 きらめき賞」授賞式。チャップリンの孫チャーリー・シストヴァリスも列席。■10月13日、オランダのアムステルダム、カメラJapanにて、『太秦ライムライト』最優秀観客賞受賞。■10月22日、アメリカのハーランド映画祭で『太秦ライムライト』が優秀作品に選出。■10月27日「極上の京都」放送終了。2年間ナレーターを務め上げる。■11月3日『太秦ライムライト』、故郷の兵庫県香美町で凱旋上映。■12月4日、日刊スポーツ第27回映画大賞 石原裕次郎特別功労賞受賞。■12月4日、ゴールデングローブ賞の外国語映画賞候補選考作品に日本作品として唯一『太秦ライムライト』が選出される。／『太秦ライムライト』（落合賢）主演・香美山清一。「ジャッジ！」（永井聡）謎の老人。

2015年（72歳）

1月6日、京都府文化賞功労賞受賞。■2月3日、京都上賀茂神社にて豆まきの撒き男を務める。■4月6日、『ザ・ダヴィンチ』5月号「男アラーキーの裸ノ顔 No.217」に写真掲載。■6月8日、ドイツの第15回ニッポンコネクション映画祭で『太秦ライムライト』最優秀賞（最高賞 The Nippon Cinema Award）受賞。■8月中旬 肺がんが見つかる。■9月22日 小田原映画祭『太秦ライムライト』上映にトーク出演。■10月26日入院。■11月10日退院。■11月20日、朝日新聞「おやじのせなか」インタビュー掲載。／『あのひと』（山本一郎）老人。『時代劇は死なず ちゃんばら美学考』（中島貞夫）インタビュー出演と劇中劇：浪人。『日本のいちばん長い日』（原田眞人）鈴木孝雄。

2016年（73歳）

1月18日「IGNITION」インタビュー「The Beauty of Falling Petals and Man of 50000 Deaths」掲載。■3月18日 がん寛解。■4月24日 仕出しで撮影現場復帰。／『超高速！参勤交代リターンズ』（本木克英）道場主。

2017年（74歳）

『ごはん』（安田淳一）西山。「無限の住人」（三池崇史）刀鍛冶。『君と100回目の恋』（月川翔）花火師。

2018年（75歳）

1月20日、宇治市文化センターで『ごはん』舞台挨拶。以下、1月21日新宿上映をはじめ6月23日イオンシネマ久御山まで続く。■1月22日、道徳の本「考え議論する道徳」小5・6年に掲載。■12月、「中学道徳2 とびだそう未来へ」（教育出版）に「五万回切られた男 福本清三」掲載。■11月17日、劇団とっても便利のミュージカル公演『カリスマのダンス』鑑賞。／「多十郎殉愛記」（中島貞夫）成増与兵衛。『パンク侍斬られて候』（石井岳龍）仙人。「栞 shiori」（榊原有佑）雅哉の祖父。

2019年（76歳）

■10月27日、姫路FC支援作品『ラスト サムライ』上映会&福本清三トークショー 園教寺ロケ地巡り。■10月19日、時代劇専門チャンネルFAN感謝祭として大阪ABCホールで、11月4日はセルリアンタワーで、殺陣ショーに出演。■11月、中学校道徳3年の教科書「輝け未来」（学校図書）に取り上げられる。／NHKプレミアム放送「スローな武士にしてくれ」浪人。「この道」（佐々部清）近所の老人。『葬式の名人』（樋口尚文）ヤクザの若頭。『108イチマルハチ 海馬五郎の復讐と冒険』（松尾スズキ）海馬の父。時代劇専門チャンネル『BLACKFOX：Age of the Ninja』（坂本浩一）山本千尋初主演作品に福本たっての希望でゲスト出演の妖術師。

2020年（77歳）

8月7日、「おかしな刑事京都スペシャル2」で生涯最後の立ち廻りを撮影（9月20日放送）。■8月11日、この時点でも日課のウォーキングを続けていた。■8月24日、最後の出演作品『十三人の刺客』（NHK、11月28日放送）撮影。■8月26日入院。■10月22日退院。

2021年（78歳）

1月1日、16時10分逝去。77才。■3日お通夜。4日 告別式。その後、逝去について報道発表。■1月26日、家族が東映京都撮影所に残っていた私物を取りに行く。■2月の京都みなみ会館を皮切りに、東京・新文芸坐、大阪・第七藝術劇場で『太秦ライムライト』追悼上映。■4月、『太秦ライムライト』永久保存版 Blu-ray 発売。■5月1日、本昌寺に納骨。■5月26日、米国アカデミー賞追悼公式ページに福本の名前が掲載。■12月28日 一周忌法要。／『CHAIN／チェイン』（福岡芳穂）侠客。＊遺作

2023年

2023年2月4日〜5日 京都府立文化芸術会館で福本清三3回忌追善イベント開催。

■初出
SCENE 5「福ボン、安らかに」は、雑誌「ユリイカ　2023年10月号　特集＝追悼・中島貞夫」所収「中島貞夫最後の公開講演」に加筆・修正したものである。

■協力者一覧
寄稿：中島貞夫 栗塚旭 峰蘭太郎 落合賢 山本千尋 中島ボイル 鷲尾直彦 佐藤都輝子 多井一晃 門川大作 戸田信子 陣内一真 岡原伸幸

企画：西嶋勇倫

特別協力：五十嵐マヤ

取材協力：橋本雅子 橋本清美 西山清孝／宮下武男 宮下和子 岡哲雄 磯田彰 磯田千恵子 大乗寺副住職・山岨眞應 香美町香住観光協会 立脇薫／清家三彦 柴田善行／チャーリー・シストヴァリス

協力：RIVER株式会社／東映剣会／東映京都スタジオ 企画制作部 洲崎哲嘉／東映京都俳優部／KADOKAWA／テレビ朝日／劇団とっても便利／スターダストプロモーション／SDP

写真提供：橋本雅子／RIVER株式会社／西嶋勇倫／東映京都俳優部／五十嵐マヤ／劇団とっても便利／日本チャップリン協会／Roy Export Co., Ltd.／京都市文化市民局／Japan Expo／山本昆虫／中央公論新社／テレビ朝日

撮影：田村啓（38頁、58～61頁）日浦麻子（4頁、62～64頁、65頁の右列、66～71頁、76～84・87・101～103・105・107・109・111・112・115・117・119・121・123頁）
93頁　中央公論新社「婦人公論」2014年11月7日号掲載（中央公論新社）
カバー&100頁　荒木経惟「男 アラーキーの裸ノ顔」『ダ・ヴィンチ』2015年5月号掲載（KADOKAWA）

京都市AAK（Arts Aid Kyoto 京都市連携・協働型文化芸術支援制度）認定事業
2024年3月に、川端康成ゆかりの「雪国の宿 高半」にて脱稿。

本書を橋本雅子さんに捧げる。

福本清三
無心――ある斬られ役の生涯

2024年3月31日　第1刷発行

著者　福本清三
編著者　大野裕之

発行者　大野裕之
発行所　とっても便利出版部
〒606-8305　京都市左京区吉田河原町14-325
benrimusical@gmail.com

デザイン　竹歳明弘（株式会社STUDIO BEAT）
編集協力　菊地武司（有限会社リワークス）
編集助手　出田英人／金藤陽保
印刷・製本　中央精版印刷株式会社

Printed in Japan　ISBN978-4-925095-12-9